Clapham
*Die internationale Ordnung
in wirtschaftlicher, sozialer und ökologischer Sicht*

Zukunft der Sozialen Marktwirtschaft

Herausgegeben im Auftrag der Ludwig-Erhard-Stiftung e.V.
von Hans D. Barbier, Rainer Klump, Christian Watrin
und Horst Friedrich Wünsche

Bd. 8

Die Ludwig-Erhard-Stiftung ist 1967 von Altbundeskanzler Prof. Dr. Ludwig Erhard gegründet worden, um freiheitliche Grundsätze in Politik und Wirtschaft zu fördern. Ihre Arbeit wird von der Heinz Nixdorf Stiftung unterstützt.

Die Schriftenreihe „Zukunft der Sozialen Marktwirtschaft" soll Orientierungshilfen und Handlungsempfehlungen geben. Sie wendet sich gleichermaßen an die praktische Politik wie an politisch interessierte Leser.

Ronald Clapham

*Die internationale Ordnung
in wirtschaftlicher, sozialer und
ökologischer Sicht*

 Lucius & Lucius · Stuttgart

Anschriften:

Prof. Dr. Ronald Clapham
Blumenallee 24
50858 Köln

Ludwig-Erhard-Stiftung
Johanniterstr. 8
53113 Bonn

Redaktion: Berthold Barth

Bibliografische Information der Deutschen Nationalbibliothek

Die Deutsche Nationalbibliothek verzeichnet diese Publikation in der Deutschen Nationalbibliografie; detaillierte bibliografische Daten sind im Internet über http://dnb.d-nb.de abrufbar.

ISBN 3-8282-0370-1 (ab 2007: ISBN 978-3-8282-0370-9)

©Lucius & Lucius Verlagsgesellschaft mbH, Stuttgart 2006
  Gerokstr. 51, D-70184 Stuttgart
  www.luciusverlag.com

Das Werk einschließlich aller seiner Teile ist urheberrechtlich geschützt. Jede Verwertung außerhalb der engen Grenzen des Urheberrechtsgesetzes ist ohne Zustimmung des Verlages unzulässig und strafbar. Das gilt insbesondere für Vervielfältigung, Übersetzungen, Mikroverfilmungen und die Einspeicherung, Verarbeitung und Übermittlung in elektronischen Systemen.

Druck und Einband: Druckhaus Thomas Müntzer, Bad Langensalza

Printed in Germany

Inhalt

1 **Ein Ordnungsrahmen für die Weltwirtschaft** 7

2 **Wirtschaftliche Regeln:
Internationale Handels- und Währungsordnung** 11

   2.1 Liberale Rahmenbedingungen
für die Weltwirtschaft 11

   2.2 Regeln für die internationale Handelsordnung 14

      2.2.1 Das GATT-System 15

      2.2.2 Das Regelsystem der WTO 19

   2.3 Die Regeln des IWF
für die internationale Währungsordnung 22

   2.4 Die internationale Handels- und
Währungsordnung vor neuen Herausforderungen 25

      2.4.1 Probleme der Welthandelsordnung 27

      2.4.2 Probleme der Weltwährungsordnung 38

3 **Soziale Regeln: Rahmenbedingungen für
eine internationale Sozialordnung** 45

   3.1 Eine menschenwürdige Ordnung für die Welt 45

   3.2 Menschenrechte und Grundfreiheiten
im Regelsystem der Vereinten Nationen 47

      3.2.1 Der internationale Menschenrechtskodex
und die Erweiterungen des
Menschenrechtsschutzes 48

      3.2.2 Soziale Aktionsprogramme der
Weltkonferenzen der Vereinten Nationen 57

   3.3 Vereinbarungen auf europäischer Ebene
zu sozialen Grundrechten 59

   3.4 Arbeits- und Sozialnormen
im Regelsystem der ILO 61

    3.5   Leitlinien der OECD
für multinationale Unternehmen 68

    3.6   Entwicklungsperspektiven
für eine internationale Sozialordnung 72

4   Der internationale Rahmen für den Umweltschutz **77**

    4.1   Nachhaltigkeit des globalen Ökosystems 77

    4.2   Internationale Regeln
für die Ressourcen- und Umweltnutzung 78

    4.3   Probleme einer globalen Ordnung
der Ressourcen- und Umweltnutzung 85

**5   Subsidiäre Regelungen
zu sozialem und umweltbewusstem Verhalten** **91**

    5.1   Ein subsidiärer Regelungsansatz
in Wirtschaft und Zivilgesellschaft 91

        5.1.1   Sozial- und Umweltsiegel 93

        5.1.2   Internationale Vereinbarungen
und Verhaltenskodizes von
Unternehmen und Wirtschaftsverbänden 100

    5.2   Komplementarität zwischen öffentlich-rechtlichen
und privatrechtlichen Regelungen 112

**6   Eine freiheitliche Weltwirtschaftsordnung
mit sozialen und ökologischen Bindungen** **115**

Literatur **123**

1 Ein Ordnungsrahmen für die Weltwirtschaft

In dieser Studie geht es um den Ordnungsrahmen für die globalen Wirtschaftsbeziehungen. Er umfasst heute weitaus mehr als die zwischenstaatlichen Vereinbarungen, die die Bedingungen für einen freien, nicht diskriminierenden Handels-, Dienstleistungs- und Kapitalverkehr schaffen. Zusätzlich sind nämlich für internationale Wirtschaftstätigkeiten Normen zum Schutz der Menschenrechte und soziale Mindeststandards sowie Vorgaben für eine nachhaltige Umweltnutzung geschaffen worden. Angesichts dieser erweiterten Regelungen ist es angebracht, den eingeführten Begriff „Weltwirtschaftsordnung" in einem umfassenderen Sinn auf alle global wirkenden Teilordnungen für Wirtschaft, Soziales und Umwelt zu beziehen.

In den Ausführungen werden zwei Schwerpunkte gesetzt. Erstens soll der Inhalt der wichtigsten wirtschaftlichen, sozialen und umweltbezogenen Regeln und Regelsysteme dargestellt werden, die zusammen die heutige Rahmenordnung für die Weltwirtschaft bilden. Es geht dabei nicht um eine detaillierte Beschreibung, sondern um das Aufzeigen wesentlicher Ziele und Funktionsweisen der Regelungen. Dieser Überblick wird gegeben, da der komplexe Ordnungsrahmen zu wenig bekannt ist und deshalb zahlreiche Missverständnisse über die Bedingungen des Globalisierungsprozesses bestehen. Daher kann auch von Gegnern und Kritikern der Globalisierung in der Öffentlichkeit leicht die falsche Behauptung verbreitet werden, die internationalen Wirtschaftsaktivitäten – insbesondere die multinationaler Konzerne – würden „auf dem Rücken der Armen" in einem nahezu regelfreien Raum erfolgen; es gäbe keine wirtschaftlichen, sozialen und umweltbezogenen Ordnungsregeln zu beachten und Sanktionen zu befürchten. Demgegenüber soll in dieser Untersuchung klar gemacht werden, dass entgegen der Behauptung, die Globalisierung habe eine Epoche eingeleitet, „die der Menschheit eine Art globalen Manchesterkapitalismus beschert hat"[1], für Staat und Wirtschaft zahlreiche Regeln für einen „geordneten" Prozess des Wirtschaftens existieren und angewendet werden.

Zweitens werden Probleme der heutigen Rahmenordnung für die Weltwirtschaft behandelt. Die großen Erfolge bei der Liberalisierung der internationalen Wirtschaftsbeziehungen in den letzten Jahrzehnten dürfen nicht darüber hinwegtäuschen, dass viele Hemmnisse fortbestehen und neue Schwierigkeiten drohen. Diese hängen damit zusammen, dass die Nationalstaaten zu einer internationalen Kooperation und zu völkerrechtlichen Vereinbarungen nur so lange bereit sind, wie es der Verfolgung nationaler Interessen dient. Staaten wie auch die internationalen Organisationen können im Übrigen nicht als homogene Akteure betrachtet werden, die die Weltwohlfahrt maximieren wollen. Vielmehr verfolgen die Entscheidungsträger in Politik und Bürokratie eigene Ziele und werden von wirtschaftlichen Interessengruppen beeinflusst. Nach radikaler kritischer Auffassung entstehe daher eine globalisierte Wirtschaft, „die der Diktatur der Kosmokraten, also der Lenker der größten transkontinentalen Privatgesellschaften der Welt, unterworfen ist"[2]. Außerdem ergeben sich Probleme mit den bestehenden Spielregeln der weltwirtschaftlichen Rahmenordnung dadurch, dass international immer wieder neue Herausforderungen entstehen, ausgelöst durch Veränderungen der ökonomischen, sozialen und umweltbezogenen Bedingungen sowie der politischen Machtverhältnisse in der Welt.

Die Ausweitung des weltwirtschaftlichen Ordnungsrahmens – so die hier vertretene These – ist durch die in vielen Ländern verbreitete Forderung nach Bereitstellung bestimmter globaler

---

1 Attac Deutschland (2004), S. 24.
2 Ziegler (2005), S. 53. Dort heißt es weiter: „... die neuen Feudalherren (sind) weder auf die Staaten noch auf die UNO angewiesen. Die Welthandelsorganisation, die Europäische Union und der Internationale Währungsfonds genügen ihnen: Denn diese sind die willigen Ausführungsorgane ihrer Strategien."

öffentlicher Güter gefördert worden. Zu diesen gehören neben dem Gut „liberales Weltwirtschaftssystem" auch die Güter „Schutz der Menschenrechte" und „Nachhaltigkeit des globalen Ökosystems". Deshalb wurden weitere internationale Regeln aufgestellt und Institutionen gegründet, die heute zusätzlich zur Handels- und Währungsordnung bestehen. So bewirkte das stärker werdende politische Interesse an Verteilungszielen im weitesten Sinn die Entwicklung von sozialen Normen für ein menschenwürdiges Leben, und die zunehmende Einsicht, dass Umweltqualität ein wichtiges knappes Gut ist, führte zum Umweltschutz als eine weitere globale Ordnungsaufgabe.

Im Prozess der wirtschaftlichen Globalisierung lassen sich viele Ordnungsaufgaben nicht mehr durch Nationalstaaten und zwischenstaatliche Kooperationen sowie mittels internationaler Organisationen bewältigen. Wie im Folgenden gezeigt wird, bedarf es neuer Formen der Zusammenarbeit zwischen politischen Institutionen und privatwirtschaftlichen sowie zivilgesellschaftlichen Organisationen, wie Unternehmen, Wirtschaftsverbänden und Nicht-Regierungsorganisationen (NGOs). Die Erweiterung der Regelungsbereiche und die größere Zahl der beteiligten Akteure können allerdings zu Überregulierungen sowie Überschneidungen und Kollisionen internationaler Teilordnungen führen, die eine freiheitliche Ordnung gefährden.

Die zusätzlichen Rahmensetzungen und der größere Kreis der Akteure haben Auswirkungen auf die Ebenen und Formen der Regelsetzung. Weltwirtschaftliche Regeln gibt es von der Ebene völkerrechtlicher Abkommen zwischen Staaten über verschiedene Zwischenstufen bis hin zur Ebene privatrechtlicher Vereinbarungen zwischen Unternehmen. Die von Akteuren der Wirtschaft und der Zivilgesellschaft vereinbarten Verhaltensregeln, die für private internationale Wirtschaftstätigkeiten gelten sollen, sind eine neuere institutionelle Entwicklung. Dieser subsidiäre Ansatz, der privatrechtliche Regeln mit sozialen und ökologischen Zielsetzungen für den internationalen Wirtschaftsverkehr beinhaltet, findet in der Literatur zu außenwirtschaftlichen Themen bisher wenig Beachtung.

Die Studie stützt sich auf ordnungspolitische Überlegungen zu Regeln und Regelsystemen, die das Handeln der staatlichen Akteure als Träger der Wirtschaftspolitik und das der privaten Akteure auf wirtschaftlichem Gebiet beeinflussen. Die beiden Schwerpunkte der Analyse – der Inhalt der globalen Ordnungsbedingungen und Probleme dieser weltwirtschaftlichen Regelungen – bestimmen jeweils die folgenden Ausführungen zu den ökonomischen, sozialen und umweltbezogenen Teilordnungen. Dabei werden im zweiten Kapitel die wirtschaftlichen Regeln der internationalen Handels- und Währungsordnung behandelt, wobei die Welthandelsordnung im Mittelpunkt steht. Im dritten Kapitel geht es um soziale Standards und Regeln, die als Grundlagen einer internationalen Sozialordnung angesehen werden. Die Rahmenordnung für die globale Ressourcen- und Umweltnutzung im Sinne der Nachhaltigkeit wird im vierten Kapitel vorgestellt. Die sozial- und umweltrelevanten Vereinbarungen von privaten Akteuren der Wirtschaft und der Zivilgesellschaft werden als subsidiärer Regelungsansatz im fünften Kapitel aufgegriffen, und das sechste Kapitel enthält abschließende Bemerkungen zu einer marktwirtschaftlichen Weltwirtschaftsordnung mit Sozial- und Umweltschutzbindungen.

2 Wirtschaftliche Regeln: Internationale Handels- und Währungsordnung

2.1 Liberale Rahmenbedingungen für die Weltwirtschaft

Die Ausgangsbedingungen für die Entwicklung einer liberalen Weltwirtschaftsordnung waren am Ende des Zweiten Weltkrieges sehr ungünstig. Die Zerstörung der alten Weltwirtschaft der Zeit vor dem Ersten Weltkrieg durch protektionistische Handelspolitik der großen Länder seit den 1930er Jahren und die Auflösung des Weltwährungssystems des Goldstandards, die zehnjährige weltweite Depression ab 1929 sowie schließlich die in den Kriegsjahren 1939 bis 1945 zwischen vielen Staaten unterbrochenen oder durch Handelsprotektionismus, Devisenbewirtschaftung, Kapitalverkehrskontrollen und Bilateralismus stark behinderten Wirtschaftsbeziehungen waren die historischen Belastungen.[3]

Vor diesem Hindergrund kam es Mitte der 1940er Jahre in den USA und in einigen westlichen Industrieländern zu Überlegungen über die Gestaltung der internationalen Wirtschaftsbeziehungen nach dem Zweiten Weltkrieg, die sich erneut am Konzept des internationalen Freihandels orientierten. Allerdings war das zunächst nicht gleichbedeutend mit der Herstellung einer Weltwirtschaft wie vor 1914, denn handels- und währungspolitische Probleme in vielen Ländern sowie die politische Spaltung der Welt in Ost und West hatten erhebliche Rückwirkungen auf die weltwirtschaftlichen Aktivitäten.[4]

Die neue Ordnung sollte durch eine Handels- und Währungsordnung geprägt sein, die unter den Bedingungen freien Handelsverkehrs und stabiler internationaler Währungs- und Finanzbeziehungen den Wohlstand der am Außenhandelsverkehr beteiligten Staaten fördert. Die Welthandelsordnung als eine Teilordnung internationaler Beziehungen beinhaltete alle

---

3 Vgl. Röpke (1979), S. 217 ff.
4 Vgl. Sachs (2005), S. 64.

Handelsregeln und Institutionen, die die Voraussetzungen für den freien Austausch von Sachgütern und Dienstleistungen schaffen. Die internationale Währungsordnung als weitere Teilordnung umfasste die Regeln und Institutionen, die den störungsfreien monetären Transaktionen in der Weltwirtschaft dienen sollten. In beiden Bereichen haben Maßnahmen weltweite externe Effekte, so dass globales kollektives Handeln hinsichtlich der Einführung grundlegender Regeln wünschenswert und teilweise notwendig ist.

Liberale weltwirtschaftliche Ordnungsregeln haben den Charakter globaler öffentlicher Güter; sie sollen im Wesentlichen die Funktionsweise des Weltwirtschaftssystems sichern. Zur Bereitstellung und Sicherung solcher Güter gab es Mitte der 1940er Jahre keinen Hegemon, der durch Zwang und Drohung andere Staaten zu einem kooperativen Verhalten hätte zwingen können. Allerdings befanden sich die USA damals – als sich in der Nachkriegsphase liberale Kräfte durchsetzten – in einer herausgehobenen wirtschaftspolitischen Führungsrolle und konnten die ordnungspolitische Initiative ergreifen. Unterstützung für die neue weltwirtschaftliche Ordnung kam von den Regierungen der Staaten, die für die nationalen Wirtschaftsakteure insgesamt Vorteile durch liberale Spielregeln erwarteten. Daher waren Staaten freiwillig und in bewusster, begrenzter Beschränkung ihrer Souveränität zu zwischenstaatlichen Vereinbarungen über eine Welthandels- und Weltwährungsordnung bereit.

Die ordnungspolitische Zielsetzung in der Nachkriegszeit, verlässliche marktwirtschaftliche Rahmenbedingungen für die internationale Arbeitsteilung zu schaffen, entstand in Verbindung mit zwei Überlegungen:

Erstens wurden die negativen Erfahrungen aus den 1920er und 1930er Jahren berücksichtigt. Der Zusammenbruch der internationalen Arbeitsteilung hatte den Wohlstand in den Ländern verringert, und die Instabilität der Währungsordnung löste zusätzlich erhebliche soziale und politische Krisen aus. Als gesicherte Erkenntnis der Wirtschaftswissenschaft gilt, dass Freihandel insgesamt den Wohlstand in der Welt erhöht. Die Grundaussage ist, dass die internationale Arbeitsteilung bei unbehindertem Marktzugang und Wettbewerb zur besseren Nutzung der vorhandenen Ressourcen und zu Innovationen führt, die wirtschaftliche Vorteile für alle Beteiligten mit sich bringen. Es lässt sich nachweisen, dass merkantilistische Behinderungen des Außenhandels durch verschiedene handelspolitische Maßnahmen in der Regel die Produzenten begünstigen und die Konsumenten schädigen.[5] Gerade die durch eine marktwirtschaftliche Arbeitsteilung ausgelösten volkswirtschaftlichen Anpassungsprozesse sind zusammen mit dem technischen Fortschritt die wesentlichen Kräfte, die schließlich zu Wirtschaftswachstum und Einkommenssteigerungen führen.

Zweitens wurde die ordnungspolitische Zielsetzung auch durch die konzeptionelle Neubesinnung auf die politische Dimension des Liberalismus gefördert. Freier Handel zwischen den Völkern vermag in hohem Maße dazu beizutragen, friedliche Beziehungen zu schaffen. Insofern kann man freiwillig vereinbarte Regeln für den Welthandel als Kern einer Friedensordnung verstehen.[6] Die globale Integration von Märkten durch freien Wirtschaftsverkehr führt zweifellos zu ökonomischen Vorteilen, sie hat außerdem auch positive politische Externalitäten. Handel oder ökonomische Interdependenz nutzen direkt und indirekt der internationalen Sicherheit; man spricht bei solchen Effekten vom kapitalistischen Frieden zwischen Staaten.[7]

Die internationale Wirtschafts- und Finanzkonferenz in Bretton Woods (New Hampshire, USA) im Juli 1944 bereitete

---

5   Zu den Folgen handelspolitischer Maßnahmen auf die Wohlfahrt der Konsumenten, Produzenten, des Staates und der Nation als Ganzes vgl. Krugman/Obstfeld (2004), S. 275 f.
6   Vgl. von Weizsäcker (1999), S. 128.
7   Vgl. zu dieser Position Weede (2005), S. 41 ff., insb. S. 50.

die politischen Entscheidungen für die zukünftige Weltwirtschaftsordnung vor. Drei Säulen waren vorgesehen:

☐ Die Internationale Handelsorganisation (International Trade Organisation, ITO), um auf der Grundlage einheitlicher multilateraler Regeln einen weltweiten Handel ohne Beschränkungen zu schaffen. Da die Havanna-Charta von 1947 zur Gründung der ITO auf Grund innerpolitischer und verfassungsrechtlicher Probleme in den USA nicht in Kraft treten konnte, wurde – als provisorische Lösung – ein Teilstück der Charta als GATT (General Agreement on Tariffs and Trade) verwendet;

☐ der Internationale Währungsfonds, IWF (International Monetary Fund, IMF), der für die Regeln des neuen internationalen Währungssystems verantwortlich war. Die Kernkompetenz des IWF als monetäre Institution wurde in der makroökonomischen und finanziellen Stabilisierung der Mitgliedsländer gesehen;

☐ die Internationale Bank für Wiederaufbau und Entwicklung (Weltbank), deren ursprüngliches, eigenes Aufgabengebiet die Unterstützung von Investitionen in den durch Krieg zerstörten Wirtschaften vor allem in Europa war. Später kam es zur Aufgabenerweiterung, durch Finanzierung von Entwicklungsprogrammen und -projekten das wirtschaftliche Wachstum in den weniger entwickelten Mitgliedsländern zu fördern. IWF und Weltbank hatten somit jeweils klare Zuständigkeiten und Aufgaben; sie sollten in komplementärer Weise der zukünftig marktwirtschaftlich organisierten Weltwirtschaft zu Wirtschaftswachstum und Wohlstand verhelfen.

2.2 Regeln für die internationale Handelsordnung

Das damalige Konzept einer neuen Weltwirtschaftsordnung berücksichtigte zwei grundsätzliche Überlegungen:

Erstens wurde die Notwendigkeit zu neuen Formen der Governance jenseits des Nationalstaates erkannt: Die traditionelle nationalstaatliche Kooperation zur Lösung von grenzüberschreitenden Problemen muss wegen der zunehmenden negativen externen Effekte einzelstaatlicher Maßnahmen durch breiter angelegte intergouvernementale Kooperationen und durch internationale Regime erweitert werden. Dabei schließen mehrere Nationalstaaten miteinander formale Verträge ab, die gemeinsame Regeln beinhalten. So entstand mit den Regeln für die Weltwirtschaft ein multilaterales Ordnungssystem.

Zweitens wurde in den ersten Nachkriegsjahren die Priorität in der Errichtung einer Welthandelsordnung gesehen, die verlässliche, marktwirtschaftliche Bedingungen für die Wohlstandssteigerung in den am Welthandel beteiligten Ländern schaffen sollte. Die damit gleichfalls entstehenden positiven sozialen Effekte – insbesondere die weltweite Verbesserung von Einkommens- und Lebenssituationen – standen seinerzeit als spezielle wirtschaftspolitische Zielsetzungen eher am Rand der Diskussionen.

2.2.1 Das GATT-System

Mit dem GATT, das 1948 in Kraft trat, wurde ein Abkommen für den internationalen Handel geschaffen, das die Staaten der freien Welt als Vertragspartner zu einer nichtdiskriminierenden Handelspolitik verpflichtete. Das Abkommen begann damals mit nur 23 Vertragsparteien; fast die Hälfte davon waren Entwicklungsländer, die übrigen waren die westlichen Siegerstaaten des Zweiten Weltkrieges. Das Hauptziel dieses fast ausschließlich auf den Handel ausgerichteten Abkommens war Freiheit für die internationalen Aktivitäten der Wirtschaftsteilnehmer. Die neue Rahmenordnung sollte zu Handlungsfreiheit und größerer Sicherheit führen und die Transaktionskosten des internationalen Austausches senken helfen. Das Abkommen war im Kern keine Freihandelsvereinbarung, sondern ein Regelungssystem für den Protektionsabbau auf Gegenseitigkeit; der handelspolitische Interventionismus sollte kontrolliert abgebaut werden. Insgesamt war das zentrale Anliegen, internationale Regeln zu institutionalisieren, die ein unabdingbares Maß an Rechtssicherheit für den Außenhandel garantierten.[8]

Inhalt der Ordnungsregeln des GATT für den Welthandel sind zwei Prinzipien, die zu Freihandel führen sollten:

☐ Das Prinzip offener Märkte fordert den ungehinderten Marktzugang für ausländische Produkte. Damit wird eine wesentliche Voraussetzung für marktwirtschaftlichen Wettbewerb geschaffen.

☐ Das Nichtdiskriminierungsprinzip verlangt von den Vertragsstaaten die Gleichbehandlung ausländischer Produkte untereinander wie auch die ausländischer im Verhältnis zu inländischen Produkten. Es schafft die Grundlage für faire Wettbewerbsbedingungen für handelbare Güter. Eine Ausnahme vom Prinzip der weltweiten Nichtdiskriminierung sind Zollunionen und Freihandelszonen. Art. XXIV des GATT legitimiert solche institutionellen Vereinbarungen, falls sie im Endeffekt die globale Liberalisierung fördern. Zugleich legt er verbindliche Verhaltensregeln für die Vertragsparteien fest, um das Ausmaß der Handelsumlenkung durch eine regionale Integration zu begrenzen.

Beide Prinzipien bestimmen die handelspolitischen Schwerpunkte des GATT: den Zollabbau und das Verbot mengenmäßiger Beschränkungen und ähnlicher Maßnahmen zur Behinderung des Handels. Die offiziellen Verhandlungen in den Handelsrunden zwischen allen GATT-Vertragspartnern erfolgten auf der Grundlage von zwei Regeln:

☐ Prinzip der Meistbegünstigung: Räumt ein Land einem anderen Land eine Zollsenkung oder einen anderen Vorteil bei einer Warenposition ein, dann gelten diese sofort und bedingungslos ebenso für alle anderen GATT-Handelspartner. In der Meistbegünstigungsklausel kommt das Nichtdiskriminierungsprinzip zum Ausdruck, nach dem in einem Land für alle Importe eines Gutes – unabhängig vom Ursprungsland – die gleichen

---

8 Vgl. Welthandelsorganisation (2003), S. XII.

Handelsbedingungen gelten. Somit hat die ursprünglich bilaterale Vereinbarung zwischen zwei GATT-Handelspartnern eine multilaterale Wirkung. Das Prinzip der Meistbegünstigung ist die entscheidende Organisationsregel eines liberalen Welthandelssystems.

☐ Prinzip der Wechselseitigkeit (Reziprozität): Der Abbau von Zöllen und anderen Handelsschranken soll auf der Grundlage des wechselseitigen gemeinsamen Nutzens erfolgen. Der Leistung eines GATT-Handelspartners sollen gleichwertige Zugeständnisse der anderen gegenüberstehen.

Mit den genannten vier Prinzipien wurde ein wirtschaftliches Regelsystem für den Welthandel geschaffen, auf dessen Grundlage von 1947 bis 1993 in neun GATT-Handelsrunden die Liberalisierung der weltwirtschaftlichen Beziehungen erfolgreich vorangebracht werden konnte. Diese Zielsetzung bestimmt auch die laufenden WTO-Verhandlungen der Doha-Runde (2001–2006). Einen Überblick über die Ergebnisse der bisherigen Handelsrunden gibt die nachstehende Tabelle 1.

Der ursprüngliche Liberalisierungsansatz des GATT zur Verwirklichung eines freien Welthandels stieß jedoch im Laufe der Jahre auf zunehmende Schwierigkeiten. Während die ersten fünf GATT-Runden zunächst zu großen Erfolgen vor allem beim Zollabbau und der Reduzierung der mengenorientierten Handelshemmnisse führten, mussten sich die folgenden Runden vermehrt mit Problemen des Anti-Dumpings und der nationalen Subventionen befassen. Der formalisierte Prozess der multilateralen Handelsrunden, der anfangs einen relativ schnellen Abbau von Handelshemmnissen bewirkt hatte, erwies sich im Zeitablauf als immer schwieriger und sehr langwierig, wie die siebenjährige Uruguay-Runde (1986–1994) mit inzwischen 121 Teilnehmerstaaten zeigte. Der Verhandlungsprozess wurde durch eine Reihe von strukturellen Problemen erschwert und teilweise ineffizient. Ursachen waren die größere Zahl und die Heterogenität

Welthandelsrunden des GATT im Überblick			
Jahr	Ort/Name	Verhandlungsthemen	Durchschnittliche gewichtete Zollsenkung in Prozent
1947	Genf	Zölle	19
1949	Annecy	Zölle	2
1951	Torquay	Zölle	3
1956	Genf	Zölle	2
1960–1961	Genf: Dillon-Runde	Zölle	7
1964–1967	Genf: Kennedy-Runde	Zölle, Anti-Dumping-Maßnahmen	35
1973–1979	Genf: Tokio-Runde	Zölle, nicht-tarifäre Handelshemmnisse, Rahmenabkommen	34
1986–1994	Genf: Uruguay-Runde	Zölle, nicht-tarifäre Handelshemmnisse, Regeln, Dienstleistungen, geistige Eigentumsrechte, Streitschlichtung, Textilien, Landwirtschaft, WTO-Gründung, usw.	40

Tabelle 1
Quelle: Glania/Matthes (2005), S. 57.

der an den Verhandlungen beteiligten Mitgliedsländer, das Ziel der vertieften weltwirtschaftlichen Integration durch weitere Liberalisierung und schließlich die schrumpfende Menge der Regelungen, von der alle Verhandlungspartner profitieren und die daher ohne größere Schwierigkeiten zustimmungsfähig sind.[9]

---

[9] Diese strukurellen Probleme treten weiterhin bei Verhandlungen im Rahmen des WTO-Abkommens auf. Vgl. Zahrnt (2005), S. 50 ff.

Bereits ab den 1970er Jahren zeichnete sich immer deutlicher ab, dass die bislang insgesamt erfolgreichen Regeln des GATT in einigen Punkten an veränderte wirtschaftliche und politische Bedingungen in der Welt angepasst werden mussten. Neue Probleme waren hinzugekommen, weil in vielen Ländern der vereinbarte Zollabbau durch einen „neuen Protektionismus" in Form von unternehmensspezifischen Subventionen, technischen Handelsschranken und diskriminierenden Ursprungsbestimmungen unterlaufen wurde. Ferner erhielten der Dienstleistungshandel und der handelsbezogene Schutz geistigen Eigentums eine immer größere Bedeutung für die internationalen Wirtschaftsbeziehungen. Schließlich führte die steigende Anzahl von GATT-Vertragsparteien zu Veränderungen der politischen Interessen von Mitgliedern. Die bisherige Führungsrolle der USA wurde geschwächt; eine große Gruppe der Entwicklungsländer mit spezifischen Interessen drängte auf Veränderungen des bisherigen Regelsystems. Daher wurde innerhalb der letzten GATT-Runde, der Uruguay-Runde, ab 1990 ein neues Abkommen über die Welthandelsordnung vorbereitet; es trat in der Rechtsnachfolge des GATT als WTO-Abkommen am 1. Januar 1995 in Kraft.

2.2.2 Das Regelsystem der WTO

Die World Trade Organisation (WTO) ist eine internationale Organisation mit eigener Rechtspersönlichkeit mit Sitz in Genf. Ihr gehören inzwischen 149 Länder und die EU an (Stand 2006). Die WTO ist als Institution aus völkerrechtlicher Perspektive verpflichtet, die internationale Liberalisierung der Märkte zu verwirklichen: „Ziel der institutionalisierten internationalen Zusammenarbeit der Staaten ist es, ihrer von einem gemeinsamen Interesse geleiteten Kooperation einen administrativen Rahmen zu geben, der mit eigener Rechtspersönlichkeit versehen der Realisierung der geschaffenen Rechtsordnung dient"[10].

---

10 Welthandelsorganisation (2003), S. XIII.

Inhalt des WTO-Regelsystems sind die vorne erläuterten GATT-Prinzipien „offene Märkte" und „Nichtdiskriminierung" sowie die Verhandlungskonzepte „Meistbegünstigung" und „Wechselseitigkeit"; hinzugekommen sind Regeln für weitere Handelsbereiche und die Einführung eines verbesserten Streitbeilegungsverfahrens:

☐ Warenhandel: Die Regelungen für den Warenhandel sind im revidierten Welthandelsrecht GATT-1994 verankert. Es sind Freihandelsregeln für den internationalen Warenhandel von Industrie- und Agrargütern.

☐ Dienstleistungshandel: In den letzten Jahrzehnten hat der internationale Dienstleistungshandel erheblich an Bedeutung gewonnen. Sein Anteil am gesamten Welthandel beträgt etwa 25 Prozent (2005). Es geht um einen globalen Handel mit den Dienstleistungen Telekommunikation, Post und Logistik, Transport, Tourismus, Versicherungen und Finanzdienste, Planung, Unternehmensberatung, Serviceleistungen u.a. Die Liberalisierung für grenzüberschreitende Dienstleistungen ist Gegenstand des Allgemeinen Abkommens über den Handel mit Dienstleistungen (General Agreement on Trade in Services, GATS), das circa 160 Dienstleistungssektoren betrifft. Das Abkommen ist nicht abschließend ausgehandelt; es verbürgt zunächst lediglich den Status quo des Dienstleistungshandels und listet die Dienstleistungssektoren auf, in denen Liberalisierungszugeständnisse gemacht werden sollen.[11]

☐ Schutz geistigen Eigentums: Als eine Quelle des Wirtschaftswachstums erhält „Wissen" eine immer größere Bedeutung. Da geistiges Eigentum nur durch Patente und Copyrights geschützt wird, waren Regeln für die internationale Anwendung dieser Eigentumsrechte und deren Schutz erforderlich. Fehlender Schutz des geistigen Eigentums würde die unbehinderte Nachahmung von Produkten und Verfahren ermöglichen, was schließlich private Investitionen in Forschung und Entwicklung

---

11 Vgl. Senti (2001), S. 13-14.

abschrecken könnte. Eine Schutzregel für handelsrelevante Aspekte der geistigen Eigentumsrechte hat die WTO im Abkommen über Urheberrechte (Agreement on Trade-Related Aspects of Intellectual Property Rights, TRIPS) aufgenommen. Es wurden Mindeststandards zum Schutz verschiedener Kategorien von geistigem Eigentum vereinbart und Regeln zur internationalen Durchsetzung von Eigentumsrechten verbessert. Inhaber geistigen Eigentums haben jetzt erweiterte Möglichkeiten, weltweit in innerstaatlichen Verfahren individuell die Rechtsdurchsetzung zu betreiben.

☐ Verfahren zur Schlichtung von Streitfällen: Eine wichtige Verbesserung im Regelsystem der WTO ist das Verfahren der Schlichtung von Streitfällen, wenn ein Land einem anderen einen Verstoß gegen bestimmte Handelsregeln vorwirft. Wird von der WTO im Schlichtungsverfahren ein Regelverstoß festgestellt, dann kann sie eine Aufhebung der beanstandeten handelspolitischen Maßnahme einfordern. Da die WTO selbst jedoch keine direkte Sanktionskompetenz hat, kann sie dem klagenden Land das Recht auf Vergeltungsmaßnahmen einräumen. Einige solcher Fälle gab es in den letzten Jahren, so die Behinderung des Bananenimports seitens der EG, was zu Strafzöllen der USA auf einige EG-Waren führte, und der seit 2005 anstehende Streit zwischen den USA und der EU um milliardenschwere staatliche Beihilfen für Boeing und Airbus. Von dem neuen Schlichtungsverfahren wird erwartet, dass die meisten Fälle im Verhandlungswege gütlich geregelt werden und die Länder nach dem Spruch der WTO die beanstandete Handelspolitik ändern. Die Drohung mit Vergeltungsmaßnahmen soll sowohl Regelverstößen vorbeugen als auch die friedliche Konfliktlösung fördern.

Der Streitbeilegungsmechanismus verbindet Elemente diplomatischer Konsultationen und Verhandlungen zwischen den Betroffenen mit solchen gerichtsförmiger Streitschlichtung (Panel-Instanz und Revisions-Instanz) zur Klärung vertragskonformen Staatsverhaltens und Rechtsdurchsetzung. Durch dieses neue Schlichtungsverfahren entsteht auf internationaler Ebene eine Handelsgerichtsbarkeit.[12] Die potenzielle Wirkungskraft dieser neuen richterlichen Instanz ist als groß einzuschätzen, da die WTO über ein wirksames Sanktionssystem verfügt. Aus ordnungspolitischer Sicht bedeutet diese Institutionalisierung, dass eine betroffene Regierung bei Streitschlichtung der vertraglichen Verpflichtung gegenüber einer internationalen Organisation nachkommt und nicht etwa dem politischen Druck einer ausländischen Regierung folgen muss.[13]

2.3 Die Regeln des IWF für die internationale Währungsordnung

Die Bretton-Woods-Konferenz von 1944 hatte als zweite Säule der neuen Weltwirtschaftsordnung die Gründung des IWF als institutionellem Rahmen für eine neue internationale Währungsordnung vorgesehen. Dem Aufbau eines stabilen Währungssystems wurde große politische Bedeutung beigemessen, um die globale wirtschaftliche Stabilität zu fördern.

Dem IWF wurde die Aufgabe zugewiesen, ein offenes und stabiles internationales Währungssystem zu fördern und zu überwachen. Die neue Weltwährungsordnung sollte in den Mitgliedstaaten des IWF Vollbeschäftigung und Preisstabilität fördern und zugleich dazu beitragen, das außenwirtschaftliche Gleichgewicht ohne Beschränkung des Außenhandels erreichen zu können. Diesen Zielsetzungen folgend wurde ein Ordnungsrahmen entwickelt, der positive Bedingungen für die internationalen monetären Beziehungen einschließlich des Kapitalverkehrs und der Kreditbeziehungen herstellen sollte. Inhalt der komplexen Regelungen waren Vorkehrungen zur Schaffung und Absicherung eines offenen und stabilen internationalen Wäh-

---

12 Vgl. hierzu von Weizsäcker (1999), S. 128.
13 Vgl. Senti (2001), S. 76.

rungs- und Finanzsystems und im Falle von Währungskrisen die Bereitstellung von Liquiditätshilfen.

Kern der neuen internationalen Währungsordnung der frühen Nachkriegszeit war ein System fester Wechselkurse, in dem das Austauschverhältnis zwischen den Währungen der IWF-Mitgliedsländer vertraglich fixiert war.[14] Die Möglichkeit zur Wechselkursanpassung gab es – außer für den US-Dollar – in der Ausnahmesituation, dass ein Land ein großes und anhaltendes Leistungsbilanzdefizit hatte, das durch keine andere zumutbare makroökonomische Anpassung zu überwinden gewesen wäre.

Das Festkurssystem von Bretton-Woods geriet seit Ende der 1960er Jahre in zunehmende Krisen. Es wurde nach mehreren Zwischenregelungen 1973 faktisch aufgegeben. Der 1973 beginnende Übergang zu flexiblen Wechselkursen bedeutete, dass die internationalen Währungsbeziehungen in einen anderen Systemzusammenhang eintraten.[15] Die Mitgliedsländer des IWF haben jetzt das Recht auf freie Wahl des Wechselkursregimes. Allerdings sind sie verpflichtet, ihre Wechselkurspolitik durch den Fonds überwachen zu lassen. Dabei kommt es im Rahmen von regelmäßigen Konsultationen zu einer genauen Überprüfung insbesondere der Währungs- und Finanzpolitik eines Landes, wobei nationale und internationale Entwicklungen berücksichtigt werden.[16] Die zentralen Funktionen des IWF sind heute die Überwachungsaktivitäten und Finanzierungshilfen. Wenn es im Fall von temporären Zahlungsbilanzschwierigkeiten zu Kreditgewährungen kommt, werden Bedingungen für die Stabilisierungspolitik der verschuldeten Länder festgelegt. Die institutionellen Regelungen des Fonds kann man als eine Art Verfassung des internationalen Währungssystems bezeichnen.[17] Das Regelwerk haben inzwischen 184 Mitgliedsländer akzeptiert (2006).

---

14 Vgl. Krugman/Obstfeld (2004), S. 698 f.
15 Vgl. Hefeker (2003), S. 93 f.
16 Vgl. Deutsche Bundesbank (2000), S. 16 ff.
17 Vgl. Siebert (1994), S. 391.

Der Ordnungsrahmen des IWF für den internationalen Kapitalverkehr hat zum Inhalt, die nationalen Kontrollen und Behinderungen des Kapitalverkehrs abzubauen und eine Liberalisierung der Kapitalmärkte zu erreichen; internationale Finanztransaktionen sollen erleichtert werden. Dabei müssen auch geeignete institutionelle Voraussetzungen geschaffen werden, welche in den Vertragsstaaten die Stabilität und Solidität des nationalen Finanzsektors verbessern. Daher hat der IWF in den letzten Jahren eine Reihe von Ansätzen unterstützt, die eine Stärkung des globalen Finanzsystems durch „die Entwicklung, Verbreitung und Anwendung international anerkannter Standards und Kodizes für wirtschaftliche und finanzielle Aktivitäten" zu erreichen suchen.[18] Zu den zwölf wichtigsten Kodizes, die in jüngerer Zeit von verschiedenen Organisationen entwickelt wurden, um ein stabiles internationales Finanzsystem und leistungsfähige nationale Finanzmarktinstitutionen zu fördern, gehören:

☐ der Verfahrenskodex zur Transparenz der Geld- und Finanzpolitik (IWF),

☐ der Verfahrenskodex zur fiskalischen Transparenz (IWF),

☐ das allgemeine Datenveröffentlichungssystem (IWF),

☐ die Grundsätze der Unternehmenssteuerung und Unternehmenskontrolle (Corporate Governance, OECD),

☐ die internationalen Standards der Rechnungslegung (International Accounting Standards Committee als privates Fachgremium),

☐ die internationalen Standards für die Wirtschaftsprüfung (International Federation of Accountants als privates Fachgremium) und

☐ die Grundsätze für eine wirksame Bankenaufsicht (Baseler Ausschuss für Bankenaufsicht).[19]

---

18 Deutsche Bundesbank (2000), S. 24.

19 Zu den Standards zur Förderung eines stabilen Finanzsystems siehe die Übersicht in: Deutsche Bundesbank (2000), S. 25.

2.4 Die internationale Handels- und Währungsordnung vor neuen Herausforderungen

Sowohl die bisher nicht oder nicht völlig überwundenen protektionistischen Behinderungen auf dem Wege zu einer marktwirtschaftlichen Weltwirtschaft als auch neue und veränderte weltwirtschaftliche Probleme sind erhebliche Herausforderungen für die Handels- und Währungsordnung sowie für die Tätigkeiten der einflussreichen internationalen Organisationen WTO, IWF und Weltbank. „Die Spannungen aus den unterschiedlichen Ansprüchen und Erwartungen an die drei Organisationen nahmen also keineswegs ab, sondern stiegen mit zunehmender Heterogenität der Mitgliedsländer eher an"[20]. Bevor einige Probleme behandelt werden, seien zunächst die vielen positiven Ergebnisse der bisherigen Liberalisierungsstrategie hervorgehoben.

Die WTO bestand im Jahr 2005 zehn Jahre. Auf die inzwischen fast 150 Mitgliedstaaten entfallen rund 90 Prozent des Welthandelsvolumens. Die in den letzten Jahren stark angestiegene Mitgliederzahl weist auf die nahezu universale Geltung des WTO-Abkommens hin. Eine der wichtigsten welthandelspolitischen Entscheidungen der jüngsten Zeit war die WTO-Mitgliedschaft für China ab 2001, denn das Land hatte sich in zwei Jahrzehnten von einer abgeschlossenen Wirtschaft zu einer der größten Exportmächte der Welt entwickelt.

Dem auch bereits mit dem GATT verfolgten Ziel, den Freihandel in der Welt zu erreichen, ist man in dieser Periode einen großen Schritt näher gekommen. Es gelang weitgehend, die Märkte zu öffnen, Zölle und nicht-tarifäre Handelshemmnisse zu beseitigen und Diskriminierungen zwischen den Handelspartnern abzuschaffen. Es kam zu einer starken Absenkung der Zölle auf der ganzen Welt. So konnten die Zölle der Industrieprodukte weltweit von durchschnittlich 40 auf 5 Prozent abgebaut wer-

---

20 Hefeker (2003), S. 93.

den. Die Uruguay-Runde führte dazu, dass bei bereits schon niedrigen Zöllen der durchschnittliche Zoll in den entwickelten Ländern nochmals um fast 40 Prozent sank (vgl. Tabelle 1 auf Seite 18).[21]

Das Hauptziel, den Handel möglichst reibungslos und frei zu gestalten, konnte in hohem Maß erreicht werden. Der weltweite Handel ist nach Berichten der WTO von 1950 bis 2001 im Volumen um das Zwanzigfache gestiegen, wobei der Umfang des Handels mit Industriegütern um mehr als das Vierzigfache zugenommen hat. Der Welthandel stieg ab den 1990er Jahren deutlich schneller als die weltweite Güterproduktion, mit Ausnahme des Jahres 2001. In den letzten zehn Jahren nahm der Welthandel real um durchschnittlich 6,5 Prozent pro Jahr zu, die Weltproduktion um durchschnittlich 3,8 Prozent.

Die weltweiten Marktöffnungen und die zunehmende weltwirtschaftliche Integration haben in den letzten zwei Jahrzehnten auch für viele Entwicklungsländer große wirtschaftliche Fortschritte gebracht. Zutreffend kommt *Jeffrey D. Sachs* zu dem Urteil: „Die Globalisierungskritiker sollten mittlerweile begriffen haben, dass in erster Linie die Globalisierung die Zahl der in extremer Armut lebenden Menschen seit 1990 in Indien um 200 Millionen und in China um 300 Millionen verringert hat. Diese Länder und viele andere mehr wurden von den multinationalen Konzernen keineswegs ausgebeutet; vielmehr führten die ausländischen Direktinvestitionen (FDI) und in deren Gefolge die Exporte zu einem beispiellosen Wachstumsschub"[22].

Die Liberalisierungsregeln des IWF haben zu einer zunehmenden Verflechtung der früher getrennten Geld- und Kreditmärkte geführt und – unterstützt von innovativen Informations- und Kommunikationstechniken – eine Globalisierung der Finanzmärkte bewirkt. Die Kapitalverkehrskontrollen und die

---

21 Vgl. hierzu die Hinweise bei Senti (2006), S. 11 und bei Krugman/Obstfeld (2004), S. 316.
22 Sachs (2005), S. 429.

Regulierungen auf den nationalen Finanzmärkten wurden abgebaut; es kam zu einer starken Ausdehnung der internationalen Finanztransaktionen und der weltweiten Direktinvestitionen.

2.4.1 Probleme der Welthandelsordnung

Die internationale Diskussion um die heutige Welthandelsordnung befasst sich mit fünf Problemfeldern:

a) Souveränitätsanspruch der Nationalstaaten
   und internationale Regime

Alle Probleme auf dem Weg zur Liberalisierung der Weltwirtschaft verweisen auf ein grundlegendes Spannungsverhältnis bei der politischen Entscheidung über internationale Regeln: Der Regelungsanspruch internationaler Regime kollidiert mit dem Souveränitätsanspruch der Nationalstaaten. In internationalen Abkommen als Form der Kooperation binden sich Staaten freiwillig, nicht strategisch zu handeln, sondern einem Regelsystem zu folgen, das man als institutionelle Ordnung verstehen kann.[23] Dabei haben die Regierungen ein Interesse daran, einerseits die Regeln für alle Teilnehmer multilateraler Abkommen bindend zu machen, um die Anreize zu abweichendem Verhalten einzelner zu mindern. Anderseits versuchen sie, einen möglichst großen Spielraum für diskretionäre Entscheidungen zu erhalten, um auf innerstaatliche Forderungen und Veränderungen reagieren zu können. Dieser grundlegende Konflikt zwischen Regelbindung und diskretionärer Entscheidung beeinflusst die Entwicklung, Anerkennung und Durchsetzung aller Arten weltwirtschaftlicher Regelsysteme.

Jede Regierung sorgt deshalb dafür, dass in das Regelwerk Schutzklauseln aufgenommen werden, von denen sie häufig Gebrauch macht. Die internationalen Abkommen enthalten daher sowohl verpflichtende Bindungen und Sanktionsmecha-

---

23 Vgl. Siebert (1994), S. 183.

nismen als auch spezielle Ausnahmen und Möglichkeiten der Regelsuspendierung („escape clauses").

Das Spannungsverhältnis zwischen internationaler Regel und souveräner nationaler Wirtschaftspolitik erhöht sich, je mehr der bürokratische Typus „positive" Regulierung angewendet wird, der den Regierungen „vorschreibt", was sie tun sollen. Ein Beispiel dafür ist die Vorgabe der WTO-Verpflichtung an die Mitgliedstaaten, den Schutz des geistigen Eigentums durch geeignete Vorkehrungen zu gewährleisten.[24] Dieser Regeltypus greift viel stärker in den souveränen Entscheidungsspielraum nationaler Politik ein als die „negative" Regulierung, die auf Unterlassung bestimmter staatlicher Maßnahmen gerichtet ist, wie z.B. die Unterlassung von Zollerhöhungen.

Einem diskriminierungsfreien Welthandel, dem man den Charakter eines öffentlichen Gutes zusprechen kann, lässt sich nur unter sehr großen Schwierigkeiten näherkommen. Die marktwirtschaftliche Welthandelsordnung ist fortlaufend der Gefahr ausgesetzt, durch viele einzelne protektionistische Maßnahmen von Staaten und Staatengruppen ausgehöhlt zu werden. Die schwierigsten Probleme für das Regelsystem der Weltwirtschaft sind heute nicht länger die radikalen Forderungen nach einer dirigistischen neuen Weltwirtschaftsordnung, sondern die viel zu zahlreichen Fälle einer schleichenden Entliberalisierung auf Grund nationaler außenwirtschaftlicher Interessenpolitik.[25]

Das Verhältnis von Nationalstaaten und internationalen Regimen ist noch durch eine weitere Schwierigkeit gekennzeichnet, die auf Principal-Agent-Probleme[26] zurückgeht. Weltweite Regime wie die Welthandelsordnung stützen sich auf die

---

24 Vgl. Hefeker/Koopmann (2003), S. 403.
25 Vgl. Hasse (1994), S. 389 ff.; zu neueren Entwicklungen vgl. Stiftung Marktwirtschaft (2006), S. 3ff.
26 Der Principal-Agent-Ansatz beschäftigt sich mit Kooperations- und Abhängigkeitsproblemen zwischen zwei Individuen, die am Erfolg einer Aktion beteiligt sind, z.B. zwischen Eigentümer und Manager eines Unternehmens.

Kooperation von Nationalstaaten und auf die von ihnen beauftragten internationalen Organisationen. Ein Kernproblem dieser Struktur ist nach dem Ergebnis zahlreicher Analysen, dass die internationalen Organisationen ein extremes Kontrolldefizit aufweisen.[27] Die Ursachen liegen in einer komplexen Principal-Agent-Beziehung: Zwischen dem Wahlbürger (Principal) – als ursprünglichem Auftraggeber in Demokratien – und der internationalen Organisation (wie WTO, IWF und Weltbank) als Agent liegen bis zu vier Stufen der politischen Delegation, nämlich nationales Parlament, Regierung und internationale Kontrollgremien. Die hohen Informationskosten und die geringen Kontrollanreize bei allen Beteiligten führen dazu, dass das Verhalten der Akteure in internationalen Organisationen von den Wünschen der Wahlbürger abweichen oder diesen sogar widersprechen kann.

b) Gefahren einer Erosion
des GATT-WTO-Liberalisierungskonzeptes
Ein großes Problem für den freien Welthandel sind die zunehmenden Abweichungen von den beiden GATT-Prinzipien „Marktöffnung" und „Nichtdiskriminierung" und die davon ausgehenden Gefahren einer Erosion des liberalen Regelsystems. Diese Abweichungen findet man vorwiegend in den handelspolitischen Beziehungen zwischen Industrie- und Entwicklungsländern. Statt den internationalen Waren- und Dienstleistungsverkehr konsequent nach einheitlichen multilateralen Regeln zu entwickeln, greifen die WTO-Mitgliedsländer vermehrt zu speziellen Regelungen in Form bilateraler Handelsabkommen, die Präferenzzölle beinhalten. Anfang der 1990er Jahre waren etwa 30 regionale Handelsabkommen bei der WTO angezeigt, bis Ende 2004 hat sich die Zahl auf 300 erhöht, davon

---

27　Vgl. hierzu die Analysen bei Vaubel (2003).

sind schon 150 in Kraft.[28] Nach Schätzungen der WTO wird schon etwas über die Hälfte des gesamten Welthandels innerhalb regionaler Bündnisse abgewickelt.

Die Erosion des Prinzips der Meistbegünstigung wird 2005 im *Sutherland*-Report der WTO als bereits sehr kritisch beurteilt und als Hauptproblem für die Zukunft des Welthandelssystems bezeichnet. Zwischen den großen Volkswirtschaften gelte zwar noch die Regel der Meistbegünstigung für umfangreichen Handel. „However, what has been termed ‚spaghetti bowl' of customs unions, common markets, regional and bilateral free trade areas, preferences and an endless assortment of miscellaneous trade deals has almost reached the point where MFN treatment is exceptional treatment"[29]. Damit ist das zentrale ordnungspolitische Problem der heutigen Weltwirtschaftsordnung genannt: Überregulierung als Folge zahlreicher spezieller Regeln für einzelne Länder, Hersteller und Produkte statt der beiden allgemeinen Regeln „offene Märkte" und „Nichtdiskriminierung".

Der Übergang von der multilateralen Handelsliberalisierung zu bilateralen Handelsabkommen führt zu einer schwer überschaubaren Fülle von Einzelregelungen für den internationalen Güterverkehr. Das erhöht für alle hier tätigen Unternehmen die mit dem Welthandel zusammenhängenden Transaktionskosten. Zudem bleibt trotz der Fortschritte beim Zollabbau die Marktsegmentierung erhalten. Zu kritisieren ist, dass auch das WTO-Abkommen die entwicklungsprotektionistische Sonderbehandlung armer Länder fortsetzt. „Wenn Entwicklungsländer den Vorteil der WTO-Mitgliedschaft einerseits in der nichtreziproken Öffnung ihrer Exportmärkte, andererseits in der Ausnutzung der ihnen zugestandenen protektionistischen

---

28 Vgl. Glania/Matthes (2005), S. 7 und 79 und WTO (2005), Kap. II, Ziff. 76.

29 WTO (2005), Kap. II, Ziff. 60; MFN ist die Abkürzung für „Most-Favoured-Nation clause".

Sonderzonen sehen, blockieren sie ihre in den weltwirtschaftlichen Integrationsprozessen angelegten Aufholchancen."[30]

Insbesondere die EU hat zahlreiche interregionale Freihandelsabkommen – etwa 300 Präferenzabkommen – abgeschlossen. Besonders weitreichend sind die Präferenzabkommen der EU mit den 78 Afrikanisch-Karibisch-Pazifischen Ländern (AKP-Länder), die allerdings bis 2007 beendet werden müssen, da sie den WTO-Regeln nicht mehr entsprechen. Der frühere EU-Kommissar *Sutherland* kritisiert zu Recht die Erosion der allgemeinen Liberalisierungsregel mit dem Hinweis darauf, dass die EU nur noch mit elf Staaten den Handel nach WTO-Standards abwickelt, allen übrigen aber Präferenzzölle gewährt.[31] Das Allgemeine Präferenzsystem (APS) der EU, das Zollerleichterungen von 3,5 Prozentpunkten gegenüber dem Meistbegünstigungstarif beziehungsweise zollfreien Zugang zu dem EU-Markt gewährt, bezog sich im Jahre 2005 auf rund 7.000 Erzeugnisse und 178 Länder und Territorien, darunter China, Indien und Indonesien als die drei größten Nutznießer. Für die 50 ärmsten Länder ist nach der „Every-thing-but-arms"-Initiative geregelt, dass sie künftig sämtliche Produkte mit Ausnahme von Waffen zollfrei in die EU liefern können. Die neuen Regeln für Zollpräferenzen seitens der EU ab 2006 sehen zusätzlich vor, Zollfreiheit solchen Ländern zu gewähren, die in ihrer Wirtschaftsentwicklung als besonders gefährdet eingestuft sind und welche die wichtigsten Internationalen Menschenrechts- und Umweltschutzabkommen ratifiziert haben.

c) Gegner der Liberalisierung
Gegen eine weitere Liberalisierung der weltwirtschaftlichen Beziehungen gab und gibt es Vorbehalte. Erinnert sei an die Welthandels- und Entwicklungskonferenzen (UNCTAD) seit 1964, bei denen die Entwicklungsländer über die Stimmenmehrheit

---

30 Bender (2000), S. 15.
31 Vgl. Frankfurter Allgemeine Zeitung 18.01.2005.

verfügten und anfangs auch Beschlüsse fassten, die mit dem Liberalisierungskonzept des GATT nicht vereinbar waren. Die sozialistischen Ostblockländer unterstützten seinerzeit die handelspolitischen Forderungen der Entwicklungsländer, um mit der ordnungspolitisch stark auf dirigistische Lenkungsmethoden ausgerichteten UNCTAD ein Gegengewicht zum marktwirtschaftlich orientierten GATT aufzubauen. Ferner haben in den 1970er Jahren die Forderungen einflussreicher Gruppen von Entwicklungsländern nach einer „neuen Weltwirtschaftsordnung" die weltwirtschaftliche Liberalisierung behindert und so viele Jahre die marktwirtschaftlichen Anpassungen der Produktions- und Exportstrukturen in armen Ländern hinausgezögert.

Seit dem Scheitern des sozialistischen Gesellschafts- und Wirtschaftssystems kommt es zur weltweiten Ausbreitung des marktwirtschaftlichen Systems als Ordnungselement für die internationalen Wirtschaftsbeziehungen. Zwar sind die alten Forderungen für eine neue Weltwirtschaftsordnung aufgegeben worden, aber ähnliche Kritiken und Änderungsvorschläge finden sich heute bei Globalisierungskritikern und -gegnern, die überwiegend negative Folgen des Freihandels für die armen Länder unterstellen. Dies kommt etwa in Behauptungen zum Ausdruck, die Liberalisierungsmaschine der WTO habe erheblich dazu beigetragen, die Schere zwischen Arm und Reich zu vergrößern. Die Kritiker sind zum Teil im Bereich der Zivilgesellschaft in Form von NGOs, Körperschaften, Vereinen und Initiativen organisiert und versuchen mit wachsendem Erfolg, politisch-praktisch auf Diskussionen und Entscheidungen zur Weltwirtschaft Einfluss zu nehmen, wie beispielsweise das NGO-Netzwerk Attac.[32] Da allerdings das demokratische Mandat der NGOs mehr als umstritten ist, wird in der anhaltenden Kontroverse zunehmend die Auffassung vertreten, ihnen eine „voice"-Funktion aber keine „vote"-Funktion einzuräumen. Das bedeu-

---

32 Vgl. zu Entwicklung und Formen der Zivilgesellschaft und zur Legitimation der NGOs Adloff (2005), insb. S. 148 f. Zur Selbstdarstellung einer NGO vgl. Attac Deutschland (2004).

tet, die Netzwerke der NGOs bei der Entwicklung von weltwirtschaftlichen Regeln als Protestgruppen und Experten einzubinden, ihnen aber wegen mangelnder demokratischer Legitimation kein Mitspracherecht zu geben.

d) Handelsprotektionismus
Es gibt Liberalisierungshindernisse in den Sektoren Landwirtschaft sowie Textilien und Bekleidung, die insbesondere für die ärmsten Entwicklungsländer als Grundlage für ein exportgetriebenes Wachstum wichtig sind. Die protektionistischen Sonderregeln, die Regierungen der Industrieländer durchsetzten, haben den Zweck, den Wettbewerbsdruck auf nationale Produzenten zu verringern. Insbesondere die Behinderung des internationalen Agrarhandels der Industriestaaten infolge von Markteintrittsbarrieren (wie Importquoten, hohe Zölle, steigende Zollbelastungen bei bearbeiteten Produkten und quotengebundene Zölle), Subventionen für heimische Produzenten und Exportsubventionen ist eines der ungelösten Probleme in den ansonsten liberalen Regeln folgenden internationalen Wirtschaftsbeziehungen. Diese Themen – wie auch die weiterhin sehr hohen Industriegüterzölle der Entwicklungsländer – bleiben Verhandlungsgegenstand zwischen Industrie- und Entwicklungsländern.

Das Multifaserabkommen, das Export- und Importquoten für eine große Zahl von Ländern festlegte, hatte seit den frühen 1960er Jahren den internationalen Handel von Textil- und Bekleidungsprodukten reguliert. Zum 1. Januar 2005 sind – einer Zusage in der Uruguay-Runde folgend – für die Mitglieder der WTO alle mengenmäßigen Beschränkungen für Importe von Textil- und Bekleidungsgütern weggefallen. Allerdings kann die EU auf eine anlässlich des WTO-Beitritts von China beschlossene und bis 2008 geltende Schutzklausel zurückgreifen, falls EU-Märkte durch Einfuhren aus China deutlich destabilisiert werden. Es können dann zum Schutz europäischer Industrien sogar vorübergehend Importquoten festgelegt werden.

Das GATT-WTO-Liberalisierungskonzept wird weiterhin durch einige Schutzklauseln in seinen Auswirkungen beschränkt. Dazu gehören als legale Handelsrestriktionen Anti-Dumping-Ausgleichszölle, Interventionen zum Schutz der Zahlungsbilanz und selektive Schutzmaßnahmen bei der Einfuhr bestimmter Waren, wenn Menge und Bedingungen der Einfuhr die inländischen Erzeuger dieser Güter schaden oder zu schädigen drohen. Die Erfahrungen zeigen, dass WTO-Mitgliedsländer häufig diese Schutzklauseln für protektionistische Maßnahmen nutzen. Im Zuge des „Neuen Protektionismus" kam es in den USA, in Japan und der EU zu etwa je 100 bis 150 Selbstbeschränkungsabkommen, welche den weniger mächtigen Handelspartner zu einem „freiwilligen" Exportverzicht verpflichteten.[33] Eine neue Variante protektionistischer Handelspolitik sind Interventionen im Agrarhandel unter dem Vorwand der „Multifunktionalität". Dabei wird der bisherige Schutzeffekt für die Landwirtschaft in den Industrieländern erhalten, indem als Begründungen Umweltschutz und Volksgesundheit vorgeschoben werden oder direkte Einkommenszahlungen im landwirtschaftlichen Bereich erfolgen.

Die bisherigen Erfahrungen beim Streitschlichtungsverfahren der WTO weisen auf das Problem der Marktmacht großer Handelspartner wie den USA, der EU und Japan hin. Bislang gibt es nämlich eine starke Korrelation zwischen Marktmacht und Häufigkeit der Klage, so dass man vermuten kann, das Verfahren nutze eher den großen und starken Handelspartnern.[34]

---

33 Vgl. Senti (2001), S. 26.
34 Vgl. Senti (2001), S. 17. Nach den jüngsten Daten der WTO über Streitfälle kommen bisher mit großem Abstand die meisten Klagen von den USA (81), der EU (70) und Kanada (26); die Reihenfolge der am häufigsten Beklagten ist USA (90), EU (53) und Indien (17).

e) Liberale Welthandelsordnung und
soziale sowie umweltrelevante Vorschriften und Standards
Die Forderungen nach weltweiter Beachtung bestehender sozialer und umweltbezogener Vereinbarungen und Standards im internationalen Wirtschaftsverkehr gehen an den Kern des bisherigen WTO-Konzeptes.[35] Die Welthandelsordnung als freiheitserweiternder Ansatz kommt hier unter Druck von teilweise freiheitsbegrenzenden Forderungen. Sie entstehen aus Überlegungen, ob Wohlstandserhöhungen in der Welt, die durch Freihandel erreicht werden können, überhaupt sozial und ökologisch verantwortbar sind. Die traditionelle Diskussion um die Wohlstandseffekte eines freien Außenhandels hatte immer mit einbezogen, dass wettbewerbliche Marktprozesse auch erhebliche positive soziale Effekte haben. Man konnte auf hohe Marktversorgung zu wettbewerblichen Preisen, auf technischen Fortschritt zur Ressourceneinsparung und zur Verbesserung von Produkten und Produktionsverfahren sowie auf effiziente Anreiz- und Sanktionsmechanismen verweisen, die auf Nachhaltigkeit des wirtschaftlichen Handelns hinwirken. In der heutigen politischen Diskussion um Sozial- und Umwelteffekte des freien Welthandels sind viele häufig ohne genauere Prüfung bereit, an die Stelle von wettbewerblichen Marktprozessen mit deren positiven sozialen Wirkungen und ressourcenschonenden Anreizen vielfältige handelspolitische Restriktionen zur direkten Erfüllung sozialer und umweltbezogener Einzelziele zu fordern. Dies kennzeichnet den heutigen grundlegenden ordnungspolitischen Konflikt um geeignete internationale Rahmenbedingungen. Man kann die beiden konträren Grundpositionen überspitzt so charakterisieren:[36]

☐ Die Position der Freihändler setzt als oberstes Ziel der WTO, einen möglichst freien und nicht-diskriminierenden

---

35 Vgl. Senti (2006), insb. S. 67 ff. und Sautter (2004), S. 132 ff. und 139 ff.
36 Vgl. auch Senti (2001), S. 24.

Welthandel zu schaffen und zu sichern. Andere Ziele, wie die Verwirklichung sozialer Mindeststandards und der Umweltschutz, seien dem freien Handel unterzuordnen, sie würden in den am Welthandel teilnehmenden Ländern im Zuge der Wohlstandssteigerungen erreichbar.

☐ Die Position der Kritiker des Freihandels – häufig von Umweltschützern und Entwicklungspolitikern unterstützt –, welche die Forderung nach „Erhaltung und Verbesserung der Lebensqualität" vertreten, ist durch die umgekehrte Rangordnung der Ziele gekennzeichnet: Freihandel sei den Sozial- und Umweltzielen unterzuordnen.

Dieser Konflikt zwischen Befürwortern und Kritikern des Freihandels hat seit den 1960er Jahren zunehmend politischen Einfluss auf die Gestaltung der weltwirtschaftlichen Rahmenbedingungen gewonnen. Von vielen Seiten wird vorgeschlagen, für die Weltwirtschaft nicht ausschließlich ökonomische Regeln, sondern zusätzlich soziale Mindestnormen und ein Umweltschutzsystem vorzusehen – beides als Restriktionen für die rein wirtschaftlichen Regeln. Damit müsste man in der Außenwirtschaftspolitik die einfache Zielfunktion „Freihandel" aufgeben zu Gunsten einer komplexen Zielfunktion, die mit „Freihandel – soziale Lebensqualität – Nachhaltigkeit des Ökosystems" zu umschreiben wäre.

In diesem Zusammenhang kann man ausgehend von der gegenwärtigen Handelsordnung der WTO sechs Konfliktfelder von unterschiedlicher Intensität ausmachen, in denen auf Grund der Zielsetzungen von WTO-externen Vereinbarungen Handelsbeschränkungen drohen:[37]

☐ Handel und Umweltschutz/Gesundheit,
☐ Handel und Arbeitsrechte,
☐ Handel und Menschenrechte,
☐ Handel und geistiges Eigentum,

---

37 Vgl. Neumann (2002), S. 37 ff. – Zu den Konfliktbereichen Gesundheit, Arbeit und Umwelt vgl. insb. Senti (2006).

☐ Handel und Finanzen/Entwicklung sowie
☐ Handel und Postverkehr/Telekommunikation.

Insbesondere die sozialen und umweltbezogenen Zielvorstellungen erfordern völlig neue Überlegungen der WTO sowohl über geeignete einzelne Instrumente und über Maßnahmenkombinationen als auch über die Träger der Politik. In der WTO hält die Diskussion darüber an, ob die Institution auch Sozial- und Umweltziele in ihre handelspolitischen Rahmensetzungen mit aufnehmen soll oder ob man diese Ziele besser anderen internationalen Organisationen zuweist. Eine Lösung dieses Problems ist noch nicht erkennbar, allerdings scheint man in der WTO eher von einem kooperativen Ansatz auszugehen. Sie will sich auf ihre Kernaufgabe – die Handelspolitik – beschränken und mit anderen internationalen Organisationen (insbesondere der UNO, dem IWF und der Internationalen Arbeitsorganisation) zusammenarbeiten, um auch andere Ziele in der Weltgemeinschaft zu verwirklichen.[38]

Die oben genannten fünf Probleme der heutigen Welthandelsordnung erschweren die Absicherung und Weiterentwicklung eines internationalen marktwirtschaftlichen Regelwerks. Es sind zusätzlich Spannungen auf Grund der sich verändernden internationalen Bedeutung einzelner Staaten (z. B. Brasilien, Indien und neuerdings China) und Staatengruppen (wie die erweiterte EU) zu beachten. Bezeichnend sind dafür die Schwierigkeiten beim bisherigen Verlauf der Doha-Runde.

Unter dem Schock der Terroranschläge vom 11. September 2001 in den USA beschlossen die Handelsminister der WTO-Mitgliedstaaten in Doha (Katar), den Freihandel in der Welt als Antwort auf Gewalt und Terror zu fördern. Die Ausgangsidee war, durch weitreichende Liberalisierungen die Entwicklungsländer besser in das marktwirtschaftliche System der Weltwirtschaft zu integrieren und sie so wirtschaftlich und sozial stärker

---

38 Zu dieser Variante einer WTO-Reform, die in der Literatur als Netzwerk miteinander verknüpfter internationaler Institutionen bezeichnet wird, vgl. Senti (2006), S. 54ff.

zu unterstützen. Vorgesehen waren eine Entscheidung für die Sonderbehandlung von Entwicklungsländern, die Einigung auf Eckwerte für den Abbau von Zöllen und Subventionen im Agrarsektor, Angebote zur weiteren Liberalisierung der Dienstleistungsmärkte und eine Verständigung über den weiteren Zollabbau bei Industrieprodukten. In den Verhandlungen der Doha-Konferenz forderte eine Gruppe großer Entwicklungsländer, die Gruppe der 21 (G 21), in der mit China und Indien die beiden bevölkerungsreichsten Länder der Welt vertreten sind, größere Zugeständnisse der Industrieländer, insbesondere beim Subventionsabbau für Agrargüter. Seit dem Scheitern der Gespräche bei der 5. WTO-Ministerkonferenz in Cancún (Mexiko) 2003 wird versucht, die Verhandlungen für die Doha-Runde mit neuen Vorschlägen zur Liberalisierung der Agrarmärkte, zur Zollsenkung für Industriegüter und zur Öffnung der Dienstleistungsmärkte weiterzuführen und spätestens bis Anfang 2007 neue Liberalisierungen für den Welthandel zu beschließen.[39] Dabei wird immer deutlicher, dass die Lösung der Agrarfrage – besonders der verbesserte Zugang für Agrarexporteure aus der Dritten Welt in den EU-Markt – das Hauptproblem ist.

2.4.2 Probleme der Weltwährungsordnung

Die seit vielen Jahren anhaltende Diskussion um die heutige Weltwährungsordnung dreht sich vor allem um die Effizienz des Regelwerks und der verantwortlichen Institutionen. Dabei geht es um drei Hauptprobleme:

a) Gefahr von Finanzmarktkrisen
In den letzten Jahrzehnten sind gravierende Finanzmarktkrisen in Form von Währungs-, Banken- und internationalen Verschuldungskrisen vor allem in Entwicklungs- und Schwellenländern

---

39 Zu den aktuellen handelspolitischen Kontroversen vgl. Srinivasan/Zedillo (2005), S. 408 ff.

aufgetreten.[40] Alle drei Krisenformen waren bei den schweren Finanzkrisen in Mexiko (1994/95) und einigen südostasiatischen Volkswirtschaften (1997/98) festzustellen. Die Schnelligkeit und die Stärke, mit der Finanzkrisen damals auf zunächst unbeteiligte Länder übergriffen, lassen sich auf Ansteckungsprozesse zurückführen, die von den Handelsbeziehungen zwischen den Ländern, den ähnlichen makroökonomischen Ausgangsbedingungen und von Interdependenzen der Finanzmärkte ausgehen. Für eine wirkungsvolle Krisenprävention müssen nach den Ergebnissen der bisherigen Diskussionen die Wirtschafts- und Fiskalpolitik der Länder konsequenter stabilitätsorientiert und das Verhalten der Akteure auf den Finanzmärkten stärker durch privatwirtschaftliche Risikoübernahme gekennzeichnet sein. Außerdem müssten die Maßnahmen des IWF verbessert werden, wie insbesondere die bilaterale und multilaterale makroökonomische Überwachung und die Transparenz der eigenen Aktivitäten.

b) Regelbeachtung im Regime flexibler Wechselkurse
Zu den Herausforderungen für die Weltwährungsordnung gehört, bei flexiblen Wechselkursen die einzelnen Länder auf internationale Regeln zu verpflichten, die das Erreichen stabilitätspolitischer Ziele und den Ausbau der weltweiten Arbeitsteilung fördern. Mit dieser Zielsetzung wird schon seit einigen Jahren die Modifizierung und Verbesserung einiger Regeln diskutiert. Insgesamt kann man noch nicht davon ausgehen, dass ein krisensicheres und allgemein respektiertes, verbindliches Regelsystem einer internationalen Währungsordnung besteht. Es wird vielmehr von einem Nicht-System gesprochen, da die Länder frei unter verschiedenen Wechselkursregimen auswählen können. Die Freigabe der Wechselkurse zusammen mit den internationalen Verabredungen der Staaten über eine Verstärkung der währungspolitischen Kooperation und die bilaterale

---

40 Vgl. zum Folgenden Michler/Thieme (2003), S. 191 ff.

und multilaterale makroökonomische Überwachung seitens des IWF haben noch nicht im erwarteten Ausmaß zur Lösung von Problemen im internationalen Währungs- und Finanzsystem geführt.

c) *Kritik an der Rolle des IWF*

Die Politik des IWF wird in den letzten Jahren aus verschiedenen Gründen zunehmend kritisiert.[41] Eine kritische Überlegung setzt an der Veränderung und Erweiterung der ursprünglichen Aufgabenstellung des IWF an, denn die Institution hat sich stärker dem entwicklungspolitischen Ziel der Armutsbekämpfung zugewendet und auch längerfristige Entwicklungskredite vergeben. Dagegen hat die Weltbank Aktivitäten übernommen, wie die Gewährung von Darlehen und Liquiditätshilfen im Rahmen der Krisenbekämpfung, die eher zum Aufgabenbereich des IWF gehören.[42] Dadurch wird die ursprüngliche Kompetenzabgrenzung zwischen dem IWF als monetäre Institution und der Weltbank als Entwicklungsorganisation zunehmend verwischt. Folglich müssen die Ziel- und Regelvorgaben für beide Institutionen wieder so angelegt werden, dass in Zukunft IWF und Weltbank ihre spezifischen Aufgaben besser erfüllen können.

Dem IWF wird ferner widersprüchlich vorgeworfen, er hätte bei den Finanzkrisen z.B. in Mexiko und Südostasien nicht, weniger oder mehr eingreifen sollen. Die Kontroversen beziehen sich auf die ordnungspolitisch bedenkliche Strategie des IWF, durch hohe Kredite die privaten Kapitalabflüsse aus diesen Krisenregionen ausgeglichen und somit dem Privatsektor das Verlustrisiko abgenommen zu haben, also falsche Anreize für künftige Finanzkrisen geschaffen zu haben. Daher müssen die privaten Finanzmarktakteure in ihren wirtschaftlichen Tätigkeitsbereichen an der Lösung von Krisen beteiligt werden, um

---

41 Vgl. z.B. Stiglitz (2002) sowie Nunnenkamp (2002), S. 6 ff.
42 Vgl. Deutsche Bundesbank (2000), S. 22.

die Gefahr, Finanzproblemen nicht vorzubeugen oder sie sogar fahrlässig herbeizuführen, nachhaltig zu beschränken.[43]

Außerdem wird kritisiert, dass die Orientierung der IWF-Strukturanpassungsprogramme am „Washington-Consensus" aus den 1980er Jahren, der die Finanzhilfen für Entwicklungsländer an Haushaltsdisziplin, Inflationsbekämpfung, Privatisierung und Öffnung der Grenzen für freieren Handel koppelt, falsch sei. Man kann der Auffassung zustimmen, der IWF habe sich bei seinen Länderdiagnosen auf ein zu enges Problemspektrum konzentriert, bestehend aus Haushaltsdefiziten, staatlichem Eigentum an Produktionsmitteln, Behinderung von Privatunternehmen sowie Korruption. Zudem seien unter Missachtung länderspezifischer Bedingungen immer wieder die standardisierten Ratschläge gegeben worden, die Haushaltsbudgets zu kürzen, den Außenhandel zu liberalisieren und staatliche Unternehmen zu privatisieren.[44] Schließlich werden hinsichtlich des IWF institutionelle Defizite in Form unausgewogener Beteiligung armer Staaten an Entscheidungsverfahren angeführt, es mangele also an der Demokratisierung dieser Institution.

Die genannten Kritikpunkte sollten Gehör finden, so dass IWF und Weltbank als Institutionen in der Weltwirtschaft „wieder ihrem internationalen Auftrag gerecht werden und sich in den Dienst des gerechten ökonomischen Interessenausgleichs und der aufgeklärten Globalisierung stellen"[45]. Damit ließen sich die Voraussetzungen verbessern, um zwei globale öffentliche Güter zu schaffen:

☐ Das öffentliche Gut „liberales Weltwirtschaftssystem" erfordert die Bereitstellung und Sicherung globaler Regeln und Institutionen (wie dem IWF), die ein offenes und stabiles internationales Währungs- und Finanzsystem ermöglichen. Kernaufgabe des IWF bleibt die Vermeidung und Bewältigung

---

43 Vgl. Deutsche Bundesbank (2000), S. 20 und Michler/ Thieme (2003), S. 211 ff.
44 Vgl. Sachs (2005), S. 103 und 105.
45 Sachs (2005), S. 441.

des IWF bleibt die Vermeidung und Bewältigung von Finanzmarktkrisen, ohne dass sich der Fonds vollständig aus der Entwicklungspolitik zurückzieht.

☐ Das öffentliche Gut „Schutz der Menschenrechte" erfordert Regeln und Institutionen (wie u.a. die Weltbank), um durch die weltweite Bekämpfung von extremer Armut und Diskriminierung dazu beizutragen, humane Lebensbedingungen zu schaffen und so wesentliche Ursachen für soziale Spannungen und Konflikte in der Weltgesellschaft zu beseitigen.

Für den Bereich der Währungsordnung sind in den letzten Jahren die Bemühungen intensiviert worden, Regeln und Institutionen zu finden, die sowohl zur Stabilisierung der internationalen Finanzmärkte als auch der länderspezifischen Lösung von wirtschaftlichen Spannungen, wie sie beispielsweise bei der Armutsbekämpfung auftreten, beitragen könnten. Die neueste Entwicklung geht dahin, unter Führung des IWF multilaterale Beratungen zwischen Industrie- und Schwellenländern mit der Zielsetzung aufzunehmen, das Vorgehen gegen Gefahren für die Finanzmärkte und die Weltwirtschaft zu koordinieren. Ganz entscheidend kommt es darauf an, Regeln zu entwickeln, die Eigenanstrengungen in krisenanfälligen Ländern honorieren und Anreize für IWF und Weltbank geben, ihre Kernaufgaben zu erfüllen.[46] Der IWF muss bei seiner Politik der Krisenverhinderung und des Krisenmanagements darauf achten, ein Gleichgewicht zwischen den Interessen des betroffenen Landes und denen der Gläubiger und des internationalen Finanzsystems insgesamt zu finden. Dabei können neue institutionelle Arrangements hilfreich sein, wie der vom Institute of International Finance im Jahr 2005 entwickelte und mit den Regierungen führender Schwellenländer abgestimmte freiwillige Verhaltenskodex zur Bewältigung von Finanzkrisen. Das Institute of International Finance hat seinen Sitz in Washington und vertritt die Interessen der führenden internationalen Geschäftsbanken. Das

---

46 Vgl. Nunnenkamp (2002), S. 25 ff. und Stiglitz (2002), S. 246 ff.

Regelwerk – mit den Verhaltensprinzipien eines regelmäßigen, offenen Dialogs zwischen Schuldnern und Gläubigern zur Vermeidung von Umschuldungen und fairer Verhandlungen mit allen Gruppen von Gläubigern und Investoren bei notwendiger Umschuldung – soll dazu beitragen, finanzielle Schieflagen staatlicher Schuldner zu vermeiden und eine geordnete Umschuldung im Krisenfall zu gewährleisten.

Eine neue Konzeption für eine internationale Finanzordnung wird seit den Finanzkrisen der 1990er Jahre in den Grundzügen diskutiert; viele Einzelheiten müssen wahrscheinlich länderbezogen entschieden werden. Als Leitgedanken betonen *Paul Krugman* und *Maurice Obstfeld* folgendes: „Die Reformvorschläge für die internationale Finanzarchitektur lassen sich zwei Kategorien zuordnen: Vorbeugende Maßnahmen oder krisenbekämpfende Maßnahmen, die angewendet werden, sobald die Sicherheitsvorkehrungen eine Krise nicht verhindern konnten. Zu den Präventivmaßnahmen zählen eine größere Transparenz der Politik und der finanziellen Verhältnisse des Landes, eine verbesserte Aufsicht über das einheimische Bankwesen und erweiterte Kreditlinien, die entweder von privaten Instituten oder vom IMF zur Verfügung gestellt werden. Zu den vorgeschlagenen krisenbekämpfenden Maßnahmen zählt eine umfangreichere Kreditvergabe des IMF sowie eine Art offizielles Konkursverfahren für die geordnete Regelung von Gläubigeransprüchen an Entwicklungsländer, die ihren Zahlungsverpflichtungen nicht in vollem Umfang nachkommen können."[47]

---

47 Krugman/Obstfeld (2004), S. 904.

3 Soziale Regeln: Rahmenbedingungen für eine internationale Sozialordnung

3.1 Eine menschenwürdige Ordnung für die Welt

Wirtschaftliche Freiheit als Grundlage des heutigen Prozesses der Globalisierung erfordert auch die Übernahme von Verantwortung für erkennbare Handelnsfolgen.[48] Daher gehört zu den drängenden Aufgaben auch die Verständigung in der Staatengemeinschaft über Bedingungen einer humanen Ordnung für die Welt. Es geht um grundlegende Menschenrechte und einige soziale Normen, die bei allen weltwirtschaftlichen Aktivitäten beachtet werden sollen. Ein erster Ansatz war die noch vor dem Ende des Zweiten Weltkrieges von *Franklin Roosevelt* und *Winston Churchill* verkündete Atlantik-Charta (1941), in der Grundzüge einer neuen Weltordnung dargelegt wurden.[49] Nach dem Versagen des Völkerbundes bei der internationalen Friedenssicherung sollte ein neuer Ansatz durch die Gründung der „Vereinten Nationen" erfolgen, deren Satzung – oder auch Charta – am 24. Oktober 1945 in Kraft trat. Die Vereinten Nationen sind als ein politischer Zweckverband konzipiert, der keine überstaatliche Autorität besitzt. Die Organisation ist letztlich ein Instrument ihrer Mitgliedstaaten und kann nicht als homogener Akteur betrachtet werden.[50]

Als wesentliche Ziele der neuen Organisation gelten die Erhaltung und gegebenenfalls Wiederherstellung des Weltfriedens und der internationalen Sicherheit, die Förderung der wirtschaftlichen, sozialen und umweltbezogenen Zusammenarbeit der Staaten sowie die Achtung und Verwirklichung der Menschenrechte. Diese zentralen Aufgaben wurden auf dem so

---

48 Zur Untrennbarkeit von Freiheit und Verantwortung vgl. insbesondere von Hayek (2005), S. 93 ff.
49 Vgl. Unser (2004), S. 22.
50 Vgl. Unser (2004), S. 25 ff.

genannten Milleniumsgipfel der Vereinten Nationen (September 2000) bestätigt. Die Grundideen lassen sich aus heutiger Sicht charakterisieren als Friedenssicherung, wirtschaftliche Entwicklung und Armutsbeseitigung, Umweltschutz und Schutz der Menschenrechte. Im Kern geht es hier um die Bereitstellung öffentlicher Güter auf globaler Ebene.

In der ersten Phase der Nachkriegszeit gelang es, einen Konsens über gemeinsame Grundwerte der Menschheit zu finden. Dies führte zum Kodex der Menschenrechte und den Internationalen Pakten über Grundfreiheiten sowie weiteren Menschenrechtskonventionen. Außerdem gab es internationale Bemühungen um auf gemeinsamen Werten beruhende, minimale Sozialstandards für die Arbeitswelt, wobei allerdings auch protektionistische Absichten der unter zunehmendem Wettbewerbsdruck stehenden Unternehmen in Industrieländern eine Rolle gespielt haben dürften. Es entstanden Regelungen zu Grundrechten der Arbeitnehmer, die heute als Kernarbeitsnormen bezeichnet werden. Im Rahmen der internationalen Organisationen der Staatengemeinschaft – vor allem den Vereinten Nationen, dem Europarat, der ILO und der OECD – sind diese Mindestnormen menschenwürdiger Arbeits- und Lebensbedingungen entwickelt und vereinbart worden.

Die in den letzten Jahrzehnten insgesamt erfolgreiche Liberalisierung des Außenhandels führte zu Wohlstandssteigerungen in den an internationalen Wirtschaftsbeziehungen beteiligten Ländern und verbesserte dort die ökonomischen Voraussetzungen, um auf vielen Gebieten sozialen Fortschritt zu erreichen. Aber dies wird von vielen nationalen und internationalen Akteuren als nicht ausreichend angesehen, um ihren teilweise sehr viel weiter reichenden Vorstellungen von „gerechten" sozialen Lebensbedingungen in der Welt näher zu kommen. Wie die weiteren Ausführungen zeigen, werden angesichts dieser kontroversen und ideologiebeladenen Einschätzung auf internationaler und regionaler Ebene immer wieder neue Vorschläge gemacht, sich auf soziale Regeln zu verständigen, die das zukünftige Verhalten staatlicher und privater Akteure bei weltwirtschaftlichen Aktivitäten beeinflussen sollen.

In den folgenden Abschnitten werden zunächst die Inhalte der wichtigsten Vereinbarungen einer internationalen Sozialordnung angeführt, die Verhaltensnormen für Akteure in der Weltwirtschaft setzen, und dann die mit den einzelnen Regelungen verbundenen Probleme erörtert.

3.2 Menschenrechte und Grundfreiheiten im Regelsystem der Vereinten Nationen

Die grundlegenden normierenden Entscheidungen in der Nachkriegszeit waren die Charta der Vereinten Nationen (1945) und die Allgemeine Erklärung der Menschenrechte (1948). Dem hier aufgestellten Kodex der Menschenrechte wird inzwischen universale Gültigkeit zuerkannt. Die universelle Achtung der Menschenrechte und der Grundfreiheiten wurde von den Gründerstaaten der Vereinten Nationen erstmals zu einem legitimen Anliegen der internationalen Gemeinschaft erklärt. Entsprechend wurde versucht, diese Rechte und Freiheiten durch eine politisch ausgehandelte rechtliche Institutionalisierung zu stützen. Für den weltwirtschaftlichen Ordnungsrahmen maßgebend sind die Beschlüsse der Generalversammlung der Vereinten Nationen sowie das Inkrafttreten der Vereinbarungen.

Zu den Menschenrechten enthält die Charta die prinzipielle Vorgabe, eine internationale Zusammenarbeit herbeizuführen, um: „... die Achtung vor den Menschenrechten und Grundfreiheiten für alle ohne Unterschied der Rasse, des Geschlechts, der Sprache oder der Religion zu fördern und zu festigen; ..." (Art. 1, Ziff. 3). Auf dieser völkerrechtlichen Grundlage, die jedoch keine Aussage über den genaueren Gehalt der Menschenrechte oder über eine verbindliche Auflistung international anzuerkennender Menschenrechte enthält, wurden in den folgenden Jahrzehnten einzelne Standards und Instrumente entwickelt, um weltweit den Schutz der Menschenrechte zu normieren und durchzusetzen sowie Verstöße zu sanktionieren.[51] Die Inhalte der wichtigsten Entscheidungen im Rahmen des Systems der Vereinten Nationen zu einer humanen Weltordnung, die auch für den internationalen Handels- und Kapitalverkehr Normen setzen, werden im Folgenden dargestellt.

3.2.1 Der internationale Menschenrechtskodex und die Erweiterungen des Menschenrechtsschutzes

a) Allgemeine Erklärung der Menschenrechte (1948)
Die Generalversammlung der Vereinten Nationen verabschiedete am 10. Dezember 1948 mit großer Mehrheit ihrer damals 56 Mitgliedstaaten diese Deklaration, die als Ausgangspunkt einer Internationalisierung und Universalisierung der Menschenrechte gilt. Erstmals wurden international Menschenrechtsstandards aufgestellt. Zwar war die Deklaration völkerrechtlich nicht verbindlich, aber sie galt in ihrer grundsätzlichen Aussage und in den Konkretisierungen als politische Leitlinie für die in den folgenden Jahren abgeschlossenen Menschenrechtspakte der Vereinten Nationen. Hinsichtlich der Fragen, welche Bereiche in welchem Umfang den Mitgliedstaaten vorbehalten bleiben und was unter Intervention zu verstehen ist, geht die neuere Entwicklung dahin, den Vorbehalt der inneren Zuständigkeit eines Staates enger auszulegen. Inzwischen setzt sich immer mehr die Auffassung durch, dass der Schutz der Menschenrechte nicht mehr wesentlich zur alleinigen Zuständigkeit eines Staates gerechnet werden kann, sondern dass die Wahrung der Menschenrechte ein legitimes Anliegen der internationalen Gemeinschaft ist.[52]

---

51 Vgl. Koenig (2005), S. 58 ff.
52 Vgl. Unser (2004), S. 37 und die dort angegebene weiterführende Literatur.

b) *Internationaler Pakt über bürgerliche und politische Rechte – Zivilpakt (1966, in Kraft getreten 1976)*

Zu den Kernaufgaben der Vereinten Nationen gehören die Aufstellung von Standards für Menschenrechte, die Entwicklung wirksamer Kontrollmechanismen und die Aktivitäten zur Förderung der Menschenrechte. Der Zivilpakt (oder Bürgerrechtspakt), der zeitgleich mit dem Sozialpakt von der Generalversammlung der Vereinten Nationen verabschiedet worden ist, gehört zu den Menschenrechtspakten. Die Vertragsstaaten verpflichten sich darin, die im Pakt angeführten Rechte zu achten und zu gewährleisten. Der Pakt ist bis Anfang 2005 von 145 Staaten ratifiziert worden.

Der Zivilpakt enthält eine Gruppe von Rechten, die als individuelle Freiheitsrechte zu den klassischen bürgerlichen Abwehrrechten gehören und die auch Arbeitsbedingungen betreffen. Zu nennen sind:[53]

☐ Schutz der Individualsphäre: Dies beinhaltet das Recht auf Leben, auf Freiheit von Sklaverei und Knechtschaft, auf Anerkennung als rechtsfähige Person, auf Schutz des Privatlebens, auf freies Bekenntnis zu Religionen und Weltanschauungen sowie auf Schutz der Familien und der Kinder.

☐ Schutz der gesellschaftlichen Stellung eines Individuums: Dazu gehören das Recht auf persönliche Freiheit und Sicherheit, auf Freizügigkeit, auf freie Religionsausübung sowie auf Meinungsfreiheit.

☐ Schutz der Stellung im politischen Gemeinwesen: Angeführt werden u.a. das Wahlrecht und die Rechte auf Versammlungsfreiheit und auf freie politische und gewerkschaftliche Vereinigung.

☐ Justizielle Schutzrechte: Die Abschaffung der Todesstrafe wurde in einem Zusatzprotokoll zum Zivilpakt 1989 beschlossen.

---

53 Vgl. Gareis/Varwick (2002), S. 169 f.

c) *Internationaler Pakt über wirtschaftliche, soziale und kulturelle Rechte – Sozialpakt (1966, in Kraft getreten 1976)*

Im Sozialpakt sind Konzepte wirtschaftlicher und sozialer Rechte niedergelegt. Es handelt sich um soziale Teilhaberechte und bei einigen Bestimmungen auch um unmittelbare Anspruchsrechte. Der Sozialpakt ist im Vergleich zum Zivilpakt weniger eine Menschenrechtskonvention als eine Staatenpflichtskonvention, da die Vertragsstaaten sich lediglich verpflichten, bestmöglich – häufig noch einschränkend „entsprechend ihren Möglichkeiten" – die angeführten Rechte zu verwirklichen.[54] Der Sozialpakt, der bis Anfang 2005 von 151 Staaten ratifiziert worden ist, betrifft den Schutz von drei Rechten:[55]

☐ Wirtschaftliche Rechte: Dazu gehören vor allem das Recht auf Arbeit, auf gerechte und zumutbare Arbeitsbedingungen, auf die Bildung von Gewerkschaften sowie auf soziale Sicherheit.

☐ Soziale Rechte: Schwerpunkte sind der Schutz der Familie, zu dem der Mutterschutz und der Schutz des Kindes zählen, die Schaffung eines angemessenen Lebensstandards für alle Menschen sowie der Anspruch auf ein Höchstmaß an Gesundheit.

☐ Kulturelle Rechte: Sie begründen einen Anspruch auf Bildung, der die Staaten zu einer kostenlosen Elementarschulausbildung verpflichtet, sowie auf Teilnahme am kulturellen Leben und am wissenschaftlichen Fortschritt.

d) *Erklärung zum Recht auf Entwicklung (verabschiedet 1986)*

Die Generalversammlung der Vereinten Nationen hat in dieser Erklärung „das Recht auf Entwicklung als ein unveräußerliches Menschenrecht betrachtet, kraft dessen alle Menschen und Völker Anspruch darauf haben, an einer wirtschaftlichen, sozialen, kulturellen und politischen Entwicklung, in der alle Menschenrechte und Grundfreiheiten voll verwirklicht werden können,

---

54 Vgl. Boekle (1998), S. 5 und Unser (2004), S. 75 ff. So ist der Sozialpakt durch seine Ratifizierung Teil der deutschen Gesetzgebung und dient als Leitlinie für die staatliche Politik.

55 Vgl. Gareis/Varwick (2002), S. 171.

teilzuhaben, dazu beizutragen und daraus Nutzen zu ziehen"[56]. Im Zeitalter der Globalisierung wurde durch die Erweiterung der Menschenrechtspolitik um das Recht auf Entwicklung zusätzlich zur zivilen und sozialen Dimension der bisherigen Menschenrechtspakte als dritte Kategorie die Entwicklungsförderung in das Völkerrecht aufgenommen. Man spricht hier häufig von Menschenrechten der „dritten Generation", was eine konzeptionelle und zeitliche Abfolge betont. Andererseits findet sich in der Literatur auch die Auffassung von den drei „Dimensionen" der Menschenrechte.[57]

Die Begründung für die Ausweitung des Entwicklungsanspruches über die nationalstaatliche Ebene hinaus ist, dass Armut in den weniger entwickelten Ländern die Verwirklichung ziviler und sozialer Menschenrechte behindert. Damit wird der menschenrechtliche Anspruch von der nationalstaatlichen Ebene gelöst und der Weltgemeinschaft – hier insbesondere den reichen Industrieländern – die Verantwortung für eine entsprechende Menschenrechtspolitik zugewiesen.

Die Menschenrechte der dritten Generation werden verbreitet als internationale Solidaritätsrechte bzw. als kollektive Anspruchsrechte – wie das Recht auf eine gesunde Umwelt – bezeichnet.[58] Diese Rechte sind jedoch wesentlich abstrakter und unbestimmter als die Rechte des Zivil- und Sozialpaktes. Die konkrete Umsetzung des Rechtes auf Entwicklung kommt nur langsam voran. Eine wichtige Unterstützung war, dass alle drei Dimensionen der Menschenrechte 1993 bei der Wiener Weltkonferenz über Menschenrechte von den Vertragsstaaten bekräftigt worden sind. Während der Konferenz wurde auch die dringend erforderliche Stärkung der Kontroll- und Durchsetzungsverfahren betont. Insgesamt ist festzustellen, dass seit der Allge-

---

56 Gareis/Varwick (2002), S. 181.
57 Vgl. Koenig (2005), S. 64.
58 Vgl. Gareis/Varwick (2002), S. 180. Anspruchsrechte sind garantierte Rechte, die den Staat zur Leistung verpflichten.

meinen Erklärung der Menschenrechte bis heute internationale Systeme entstanden sind, die weltweit den Schutz der Menschenrechte verbessern.

e) Erweiterungen des internationalen Menschenrechtsschutzes
Die Allgemeine Erklärung der Menschenrechte sowie der Zivilpakt und der Sozialpakt sind in mehreren Bereichen durch internationale Abkommen ergänzt und erweitert worden. So ist in den letzten Jahrzehnten ein weites Netz von menschenrechtlichen Verträgen unter dem Dach der Vereinten Nationen entstanden. Als Beiträge zur Schaffung einer humanen Ordnung für die globale Weltgesellschaft sind insbesondere folgende Übereinkommen anzusehen, die auf den Schutz sozialer Grundrechte abzielen:[59]

☐ Konvention gegen Rassendiskriminierung: Internationales Übereinkommen zur Beseitigung jeder Form von Rassendiskriminierung (verabschiedet 1966, in Kraft 1969);

☐ Frauenrechtskonvention: Übereinkommen zur Beseitigung jeder Form der Diskriminierung der Frau (verabschiedet 1979, in Kraft 1981), sowie das Fakultativprotokoll von 2000 mit Bezug auf die Individualbeschwerde;

☐ Antifolterkonvention: Übereinkommen gegen Folter und andere grausame, unmenschliche oder erniedrigende Behandlung oder Bestrafung (verabschiedet 1984, in Kraft 1987);

☐ Kinderrechtskonvention: Übereinkommen über die Rechte des Kindes (verabschiedet 1989, in Kraft 1990) sowie zwei Zusatzprotokolle (2000) mit Bezug auf verbesserten Schutz der Kinder;

☐ Minderheitenkonvention: Deklaration über die Rechte von Personen, die zu nationalen oder ethnischen, religiösen und sprachlichen Minderheiten gehören (1992).

Welche Probleme sind mit diesen anspruchsvollen Vereinbarungen zum internationalen Schutz der Menschenrechte ver-

---

59 Vgl. Unser (2004), S. 53 f.

bunden? Im Wesentlichen handelt es sich um Anwendungs- und Sanktionsprobleme in einer Welt, in der Nationalstaaten, Staatengruppen und internationale Organisationen die Politik in erster Linie nach eigenen Wert- und Zielvorstellungen gestalten.

Der Kodex der Menschenrechte sowie die Erweiterungen des Menschenrechtsschutzes verpflichten die Signatarstaaten in ihrem politischen Handeln. Alle Bereiche staatlicher Politik sind hier einbezogen, somit auch alle weltwirtschaftlich relevanten Dimensionen. Der praktische Vollzug der Menschenrechtsnormen ist den souveränen Staaten anvertraut. Der machtpolitische Souveränitätsanspruch der Staaten, der zunächst mit einer weiten Auslegung der inneren Zuständigkeit verbunden war, hat lange Zeit Interventionen von außen bei schweren Menschenrechtsverletzungen verhindert. Erst seit Anfang der 1990er Jahre wird das Interventionsverbot von der Staatengemeinschaft enger ausgelegt, und es ist einige Male zu „humanitären Interventionen" gekommen.[60] Die Menschenrechtskommission als das zentrale politische Organ für die weltweite Förderung der Menschenrechte war bisher in ihrer Rolle dadurch sehr beschränkt, dass in ihr – dem Proporzsystem der Weltregionen entsprechend – auch Staaten vertreten waren, in denen Menschenrechte ständig grob verletzt worden sind (z.B. Libyen und Zimbabwe). Eine Veränderung wird durch die Errichtung des von der Vollversammlung der Vereinten Nationen geheim gewählten Menschenrechtsrates eingeleitet, der effizienter und glaubwürdiger arbeiten soll.

Zwar haben die Menschenrechte in den letzten Jahrzehnten in mehr Ländern der Welt an rechtlicher, politischer, gesellschaftlicher und kultureller Relevanz gewonnen, aber weiterhin werden täglich in vielen Staaten die Menschenwürde missachtet und die Menschenrechte verletzt.[61] Viele schwerwiegende Verstöße gegen Menschenrechte werden nicht sanktioniert, auch

---

60 Vgl. Unser (2004), S. 37 f.
61 Vgl. Koenig (2005), S. 142 ff.

wenn durch die Aktivitäten internationaler Netzwerke von NGOs
– wie Amnesty International und Human Rights Watch – lokale
Bürgerrechtsbewegungen zunehmend unterstützt werden und
der Druck auf repressive Regierungen zugenommen hat.

Seit den 1990er Jahren hat man institutionelle Neuerungen
eingeführt, um schwere Verletzungen der Menschenrechte stärker zu sanktionieren.[62] Dazu gehört die Einrichtung der Tribunale in Den Haag und in Arusha, welche die Kriegsverbrechen in
Jugoslawien und den Völkermord in Ruanda aufarbeiten sollen.
Von weitreichender Bedeutung war 1998 die Verabschiedung
des Statuts des Internationalen Strafgerichtshofes (International
Criminal Court, ICC), der als permanent tagender Strafgerichtshof in Den Haag 2003 seine Tätigkeit begonnen hat. Mit der
Möglichkeit, bei schwerwiegenden Menschenrechtsverletzungen
die strafrechtliche Verfolgung von Verantwortlichen zu betreiben, ist zweifellos der Sanktionsmechanismus verschärft worden.
Man kann hier von einer Fortentwicklung des internationalen
Menschenrechtsschutzes sprechen, denn mit dem Statut des
Internationalen Strafgerichtshofes ist ein Schritt getan, um die
alte Trennung zwischen Völkerrecht (zwischenstaatliches Recht)
und nationalem (innerstaatlichem) Recht zu überwinden.[63]
Staaten sind heute in eigenem Interesse eher bereit, den Frieden
und die Sicherheit in der Welt durch die freiwillige Abgabe von
Hoheitsrechten zu fördern. So kommt es zu einer Relativierung
des zentralen Wertes des Völkerrechts – der Staatensouveränität.
Dies weist – trotz aller Behinderungen – auf eine Entwicklung in
Richtung eines neuen Weltinnenrechts als Rechtsordnung einer
Weltgesellschaft hin.

Androhung oder Anwendung von Sanktionen als unilaterale oder kollektive Aktionen gegen einen Staat, der internationales Recht verletzt hat, sind allerdings in den Wirkungen sehr

---

62 Vgl. Koenig (2005), S. 78 ff.
63 Vgl. Fassbender (2002), S. 37 f.

begrenzt.[64] Sie sind abhängig von der Art der Sanktion, wie Restriktionen für den internationalen Handels- und Kapitalverkehr sowie für die Reisefreiheit, die Verweigerung diplomatischer Anerkennung, die Beschlagnahmung von Vermögenswerten oder die Boykottierung kultureller und sportlicher Aktivitäten. Obwohl einerseits wegen der vertieften weltwirtschaftlichen Integration staatlicher und privater Unternehmen Wirtschaftssanktionen als wirkungsvolles Instrument angesehen werden können, entstehen andererseits gerade durch die Offenheit der Märkte und die große Zahl von Akteuren in der Weltwirtschaft zahlreiche Möglichkeiten, in Wirklichkeit Sanktionen zu umgehen.

Hinsichtlich der Verwirklichung der Grundrechte des Zivil- und Sozialpaktes in den Mitgliedstaaten der Vereinten Nationen ist mit einem langen Anpassungsprozess zu rechnen. Im Zusammenhang mit der Erklärung zum Recht auf Entwicklung (verabschiedet 1986) sind als Kontrollmechanismen verschiedene Schutzverfahren eingeführt worden, die eine bessere Überprüfung von Menschenrechtsverletzungen ermöglichen sollen.[65] Die genauere Überwachung der Rechtsdurchsetzung in den Mitgliedstaaten ist bisher am weitesten für den Zivilpakt entwickelt. Hier erfolgt seitens des eigenständigen Kontrollorgans, dem Menschenrechtsausschuss, eine Prüfung der obligatorischen periodischen Staatenberichte, in denen die Regierungen die Erfüllung ihrer vertraglich übernommenen Verpflichtungen nachweisen müssen. Außerdem gibt es die Möglichkeit der fakultativen Staatenbeschwerde sowie der fakultativen Individualbeschwerde.[66]

Beim Sozialpakt gibt es als Kontrollinstrument lediglich das zwingende periodische Staatenberichtsverfahren. Zuständig war hier zunächst der Wirtschafts- und Sozialrat der Vereinten Nationen, also ein politisches Gremium. Erst ab 1985 wurde der

---

64 Vgl. Davis/Engelman (2003), S. 187 ff.
65 Vgl. Koenig (2005), S. 69 ff.
66 Vgl. Boekle (1998), S. 4 ff.

politisch unabhängige Sachverständigenausschuss für wirtschaftliche, soziale und kulturelle Rechte tätig, der jetzt die Einhaltung der vertraglich übernommenen Verpflichtungen überwacht und Empfehlungen gibt. Abgesehen davon, dass die Teilhaberechte des Sozialpaktes schwer justiziabel sind, haben zahlreiche Staaten den Pakt nur mit Vorbehalten ratifiziert, so dass bestimmte Rechte nicht verbindlich und damit nicht Gegenstand der Überprüfungen sind.[67]

Beim Zivilpakt und beim Sozialpakt werden seit einigen Jahren zur Prüfung der praktischen Umsetzung der anerkannten Rechte in den Staatenberichtsverfahren auch die Informationen von NGOs – beispielsweise von Amnesty International – einbezogen. Man muss aber davon ausgehen, dass letztlich die Wahrung und Sicherung von Menschenrechten in einem Staat nicht von außen geleistet werden kann. Es gehört zum Kern der Politik nationaler Selbstbestimmung, dem normativen Bestand der Menschenrechte in vielen Einzelregelungen tatsächlich Geltung zu verschaffen. Dabei ist die weitere Unterstützung durch die vorgesehenen Überwachungsverfahren der Vereinten Nationen und verstärkt durch die öffentliche Diskussion in der internationalen Gemeinschaft sowie durch die weit gefächerten Aktivitäten von NGOs dringend erforderlich.

Neben den völkerrechtlichen Abkommen zum Menschenrechtsschutz gibt es auf der internationalen Ebene noch Empfehlungen in Form von Resolutionen und Erklärungen. Diese sind für die Nationalstaaten rechtlich nicht bindend, das heißt es liegt keine Verletzung des Völkerrechts vor, wenn Staaten die Regeln nicht befolgen. Dennoch haben diese internationalen Erklärungen und Resolutionen eine wichtige ordnungspolitische Funktion, da sie als normensetzende Beiträge für die Fortentwicklung des Völkerrechts angesehen werden können.

---

67 Vgl. Gareis/Varwick (2002), S. 189.

3.2.2 Soziale Aktionsprogramme
der Weltkonferenzen der Vereinten Nationen

Als neue Form der internationalen Zusammenarbeit von Staaten in bestimmten Politikfeldern sind die zahlreichen Weltkonferenzen der Vereinten Nationen anzusehen.[68] Sie sind unterhalb der Organisationsschwelle formal institutionalisierter Kooperationsformen einzuordnen und dienen dazu, im Globalisierungsprozess die Verantwortung der Regierungen für einige soziale Problembereiche deutlicher zu machen sowie grundsätzliche Entscheidungen vorzubereiten. Inhalt der Erklärungen, die auf zwei Weltkonferenzen erarbeitet wurden, sind Vorschläge, wie sich ökonomische Vorteile der Globalisierung nutzen und zugleich negative soziale Begleiterscheinungen verhindern lassen.

a)   Weltgipfel für soziale Entwicklung –
      Sozialgipfel von Kopenhagen (1995)

Die erste Weltsozialkonferenz hatte das zentrale Anliegen, der sozialen Entwicklung in den Staaten den gleichen Rang wie der Wirtschaftsentwicklung zu geben. Es wurde versucht, soziale Ziele für die Weltgemeinschaft zu definieren; in der politischen Abschlusserklärung und dem daraus abgeleiteten Aktionsprogramm ging es vor allem um die Themen Bekämpfung der Arbeitslosigkeit, der Armut und der sozialen Diskriminierung. Es wurde zwischen den teilnehmenden Staaten ein Sozialprogramm vereinbart und die gemeinsame Verantwortung von Industrie- und Entwicklungsländern betont, geeignete nationale Bedingungen für dessen Umsetzung zu schaffen. Konkrete Zielsetzungen sind ein universeller Zugang zur Grundbildung, Primarstufenabschluss für mindestens 80 Prozent der Kinder, eine signifikante Reduzierung der Säuglings- und Kindersterblichkeit, eine Halbierung der Müttersterblichkeit, ein universeller Zugang zu Basis-Gesundheitsdiensten, eine stärkere Reduzierung der krank-

---

68   Vgl. Gareis/Varwick (2002), S. 18.

heitsbedingten Todesfälle, z. B. durch Malaria, und die weltweite Kooperation zur Bekämpfung von Aids.

b)   Weltgipfel für soziale Entwicklung (Genf 2000)
Das nach zähen Verhandlungen verabschiedete Aktionsprogramm enthält gegenüber dem Kopenhagener Programm kaum substantielle Neuerungen. Immerhin konnte die Verpflichtung zur Einhaltung der Kernarbeitsnormen der ILO in das Programm aufgenommen werden. Vorschläge zur globalen Armutsbekämpfung sind dann erneut von den Vereinten Nationen zusammen mit Fragen des Umweltschutzes auf dem Weltgipfel für nachhaltige Entwicklung (Rio+10-Konferenz) in Johannesburg 2002 behandelt worden.

Die Schwierigkeiten bei dieser Form internationaler Zusammenarbeit zur Verbesserung der sozialen Bedingungen in der Welt sind die unterschiedlichen Interessen der beteiligten Staaten und die vorgesehene Regelungsdichte. Der keineswegs neue Hauptkonflikt zwischen den Teilnehmern der Weltgipfel besteht darin, dass die Regierungen der Industrieländer die innerstaatlichen Rahmenbedingungen, wie gute Regierungsführung, Respektierung der Menschenrechte und soziale Mindeststandards, für die wirtschaftliche und soziale Entwicklung in den Vordergrund stellen. Dagegen betonen die Regierungen der Entwicklungsländer die Bedeutung externer Rahmenbedingungen – insbesondere den Abbau der Zölle für ihre Exportgüter –, die Entschuldung und Maßnahmen zur Vorbeugung gegen drohende Finanzkrisen sowie die Neuordnung der Stimmrechte im IWF. Ferner ist fraglich, ob die auf Weltkonferenzen erarbeiteten und verabschiedeten umfangreichen sozialen Aufgabenkataloge – von Kernarbeitsnormen bis zur Aids-Bekämpfung – in allen Punkten mit dem ökonomischen Potenzial der armen Länder überhaupt vereinbar sind.

3.3 Vereinbarungen auf europäischer Ebene zu sozialen Grundrechten

Unterhalb der Ebene des Systems der Vereinten Nationen und der bisher behandelten internationalen sozialen Regeln gibt es seitens regionaler europäischer Staatengruppen weitere Vereinbarungen über den Schutz der Menschenrechte, die zu einer internationalen Sozialordnung beitragen und so auch das Verhalten der Wirtschaftsakteure beeinflussen sollen. Außerdem entstanden regionale Menschenrechtskonventionen in Amerika, in Mitgliedstaaten der vormaligen Organisation für Afrikanische Einheit und – in ersten Schritten – in der Arabischen Liga.[69] Im Folgenden werden beispielhaft die Inhalte von zwei Vereinbarungen angeführt, die Bestandteile einer europäischen Ordnung sind – speziell der Grundrechte in der EU – und deren soziale Dimension prägen.

a)   Europäische Konvention zum Schutz der Menschenrechte und Grundfreiheiten (1950, in Kraft getreten 1953)
Der 1949 gegründete Europarat ist die erste politische Organisation europäischer Staaten nach dem Zweiten Weltkrieg. Seine Kernaufgaben sind der Schutz der Menschenrechte, der pluralistischen Demokratie und des Rechtsstaates. Es wurden Regeln zur Vermeidung sozialer Konflikte, wie die Diskriminierung von Minderheiten oder Fremden, beschlossen. In den ersten Nachkriegsjahren war die Verabschiedung der Europäischen Menschenrechtskonvention, in der sich die Vertragsstaaten zu einem kollektiven Schutz der wichtigsten klassischen Freiheitsrechte verpflichteten, eine wegweisende Normensetzung.

Die in der Konvention niedergelegten bürgerlichen und politischen Rechte sind in fast allen Vertragsstaaten in das nationale Recht einbezogen und können vor nationalen Gerichten eingefordert werden. Die Konvention stellt Freiheits- und Bür-

---

69   Vgl. Koenig (2005), S. 80 ff.

gerrechte aller Personen, die sich im Hoheitsgebiet der Staaten des Europarates aufhalten, unter den Schutz des Europäischen Gerichtshofs für Menschenrechte in Straßburg (ab 1. November 1998; vorher erfolgte der Rechtsschutz durch die Menschenrechtskommission und den nichtständigen Europäischen Gerichtshof für Menschenrechte). Neben Staatenbeschwerden können dort auch Individualbeschwerden verhandelt werden, wenn der nationale Rechtsweg ausgeschöpft ist.

b) Europäische Sozialcharta (1961)
Eine Reihe von Mitgliedstaaten des Europarates hat in der Europäischen Sozialcharta als Zielverpflichtung Mindestnormen für wirtschaftliche und soziale Rechte niedergelegt. Es werden 19 soziale Rechte angeführt, die vor allem Bereiche der Arbeitsbeziehungen und der sozialen Fürsorge betreffen. Diese Rechte werden in der Regel bei allen internationalen Aktivitäten der Privatwirtschaft, die Arbeits- und Lebensbedingungen betreffen, beachtet. Es handelt sich um völkerrechtliche Verpflichtungen, die bislang nicht einer Kontrolle durch den Europäischen Gerichtshof für Menschenrechte unterliegen und für die auch keine Einklagbarkeit vor nationalen Gerichten vorgesehen ist. Allerdings wirkt die Europäische Sozialcharta normenbildend im Bereich sozialrelevanter Politikentscheidungen, da der Europäische Gerichtshof wiederholt die Charta als Auslegungshilfe für das Gemeinschaftsrecht herangezogen hat.

Die Probleme bei der Verwirklichung der Menschenrechte auf europäischer Ebene sind relativ gering. Im Vergleich zur globalen Ebene ist der Menschenrechtsschutz in Europa wesentlich effektiver, wobei allerdings die Priorität bei bürgerlichen und politischen Rechten liegt und die sozialen und ökonomischen Rechte, die getrennt in der Europäischen Sozialcharta (1961) verankert sind, bislang nicht der Kontrolle des Europäischen Gerichtshofs für Menschenrechte unterliegen.[70]

---

70 Vgl. Koenig (2005), S. 82.

3.4 Arbeits- und Sozialnormen im Regelsystem der ILO

Soziale Rahmenbedingungen für eine marktwirtschaftliche Weltwirtschaft werden in erheblichem Umfang auch durch die ILO (International Labour Organization) vorgeschlagen und teilweise bereits geschaffen. Die Institution – ursprünglich als eine mit dem Völkerbund assoziierte Organisation 1919 gegründet – ist seit 1946 mit dem Status einer Sonderorganisation Bestandteil der Vereinten Nationen, jedoch rechtlich und organisatorisch selbständig.[71] Hauptziel der ILO, in der als gleichberechtigte Vertreter die Regierungen einerseits und die Sozialpartner andererseits mitwirken, ist die Förderung sozialen Fortschritts in der Welt.

Der wesentliche Inhalt der von der ILO vertretenen sozialen Regelungen betrifft die Verbesserung der Lebens- und Arbeitsbedingungen, die Schaffung neuer Beschäftigungsmöglichkeiten und die Anerkennung fundamentaler Menschenrechte. Die ILO ist bemüht, ein Normensystem für die Arbeitswelt zu schaffen, und dabei wird die Auffassung vertreten, dass die Staaten der Welt sich auf einige universal akzeptierte Regeln für humane Arbeitsbedingungen einigen können. Materiell betreffen die Normen die Arbeitsbedingungen, die Mindestlöhne, die Abschaffung von Zwangsarbeit, die Koalitionsfreiheit, die Berufsausbildung, die Beschäftigungsförderung sowie verschiedene Schutzbestimmungen.

Internationale soziale Rahmenbedingungen sind seitens der ILO durch etwa 180 Übereinkommen sowie weitere Empfehlungen und Erklärungen geschaffen worden, wobei spezielle Aspekte menschenwürdiger Arbeitsbedingungen und sozialer Sicherheit im Mittelpunkt standen.[72] Die wichtigsten Konventionen und Erklärungen sind:

---

71 Vgl. Unser (2004), S. 190 und 195 ff.
72 Vgl. Sautter (2004), S. 267-269.

a) ***Konventionen zu fundamentalen Arbeits- und Sozialbedingungen***
- ☐ Konvention zur Abschaffung der Zwangsarbeit (1930 und 1957);
- ☐ Konvention zur Vereinigungsfreiheit und zum Schutz des Vereinigungsrechts (1948);
- ☐ Konvention zum Recht auf Kollektivverhandlungen (1949);
- ☐ Konventionen zur Beseitigung der Diskriminierung in Beschäftigung und Beruf (1951 und 1958);
- ☐ Konventionen zu Mindestnormen der sozialen Sicherheit (1952 und 1962);
- ☐ Konvention zur Beseitigung der Kinderarbeit (1973 und 1999).

b) ***Die Erklärung der ILO***
über multinationale Unternehmen und Sozialpolitik (1977)
Die Kernanliegen sind, die Arbeitnehmerrechte in ausländischen Filialen multinationaler Unternehmen zu stärken, zur sozialen Entwicklung und Hebung der Qualifikationsniveaus im Gastland beizutragen und den sozialen Dialog zwischen Arbeitgebern und Gewerkschaften zu fördern.

c) ***Die Erklärung der ILO über grundlegende Prinzipien und Rechte bei der Arbeit und ihre Folgemaßnahmen (1998)***
Es werden für vier Bereiche grundlegende Prinzipien und Rechte aufgeführt, die bereits in den erwähnten ILO-Konventionen enthalten sind und die jetzt zusammen als Kernarbeitsnormen bezeichnet werden. Weiter werden Fördermaßnahmen zur Verwirklichung dieser grundlegenden Prinzipien und Rechte genannt:[73]

---

73 Vgl. Internationale Arbeitsorganisation (1998), Punkt 2.

☐ Vereinigungsfreiheit und die effektive Anerkennung des Rechts zu Kollektivverhandlungen;
☐ die Beseitigung aller Formen von Zwangs- oder Pflichtarbeit;
☐ die effektive Abschaffung der Kinderarbeit[74] und
☐ die Beseitigung von Diskriminierung in Beschäftigung und Beruf.

Die Erklärung von 1998 verpflichtet alle 177 ILO-Mitgliedsländer, auch wenn sie die einzelnen Übereinkommen nicht ratifiziert haben, allein auf Grund ihrer Mitgliedschaft in der Organisation, die grundlegenden Arbeitsnormen zu verwirklichen und die Fortschritte regelmäßiger zu überprüfen und öffentlich zu dokumentieren.

Welche Probleme bestehen bei den ILO-Beiträgen zur Schaffung global verbindlicher sozialer Rahmenbedingungen? Erstens gibt es auch bei diesem internationalen Ordnungsversuch das Sanktionsproblem. Die ILO-Übereinkommen sind völkerrechtlichen Verträgen vergleichbar. Durch die Ratifizierung in den nationalen Parlamenten erhalten sie Rechtskraft und binden somit die staatlichen und privaten Entscheidungsträger bei deren arbeits- und sozialpolitischen Maßnahmen. Gut ausgebaute Verfahren, die Umsetzung der ILO-Standards zu kontrollieren, können deren verbreitete praktische Anwendung unterstützen. Die hier angewendeten Instrumente sind Berichts-, Beschwerde- und Klageverfahren, an denen die Regierungen sowie die Arbeitgeber- und Arbeitnehmerorganisationen der Mitgliedstaaten beteiligt sind. Das Berichtsverfahren dient der fortlau-

---

74 Hinsichtlich der Kinderarbeit geht es um die Verhinderung zu langer, schädlicher und ausbeuterischer Arbeit, die überwiegend privatwirtschaftlichen Zwecken dient. Die ILO fördert durch das „Internationale Programm zur Abschaffung der Kinderarbeit" vielfältige Maßnahmen in Entwicklungsländern, die insbesondere die Gewichtung der Handlungsanreize für arme Familien von der Kinderarbeit weg hin zur Ausbildung verschieben sollen. Zum Problem der Definition von Kinderarbeit und ihrer Rolle in der Globalisierung vgl. Edmonds/Pavcnik (2005), S. 199 ff.

fenden Kontrolle, ob und inwieweit in einem Mitgliedstaat die übernommenen ILO-Normen beachtet werden. Wenn sich ein Unternehmen nicht an die Kernarbeitsnormen hält, können Gewerkschaften über diese dreigliedrige Struktur der ILO intervenieren und Beschwerden vorbringen. Jedoch gibt es letztlich als Sanktion bei schwerwiegenden Regelverstößen allein den internationalen Reputationsverlust der Regierung eines Landes, wobei dies allerdings nach allen Erfahrungen das normenkonforme Verhalten aller Beteiligten fördert.[75]

Die Sanktionsproblematik wird durch die Tatsache verschärft, dass in armen Ländern selbst eine auf die gegebene Wirtschafts- und Soziallage abgestimmte Anwendung der ILO-Kernarbeitsnormen häufig auch deswegen nur begrenzt durchsetzbar ist, weil es an funktionsfähigen Institutionen für deren Umsetzung und Überwachung fehlt. Die in- und ausländischen Unternehmen in diesen Ländern sind mit der praktischen Umsetzung der Normen überfordert, wenn nicht ein handlungsfähiger Staat auf die Einhaltung der Mindestverpflichtungen hinwirkt. Die ILO selbst verfügt nicht über direkte Sanktionsmöglichkeiten, und sie hat auch nur sehr begrenzte Finanzmittel, um geeignete Institutionen in armen Ländern zu fördern. Sie kann aber versuchen, erheblichen politisch-moralischen Druck auf einen Mitgliedstaat auszuüben, um regelkonformes Verhalten aller Beteiligten herbeizuführen.

Zweitens besteht das Problem der Ausnutzung der vereinbarten höheren Arbeits- und Sozialstandards für protektionistische Zwecke. In der ILO-Erklärung von 1998 wird zwar ausdrücklich betont, dass diese nicht für handelspolitische Zwecke

---

75 Vgl. Unser (2004), S. 197 und Sautter (2004), S. 278 ff. Ob die ILO-Kernarbeitsnormen weltweit Anerkennung finden, hängt stark von kulturellen und gesellschaftlichen Wertvorstellungen ab. Eine sehr informative Studie zu diesem Problembereich kommt zu der vorsichtig-positiven Einschätzung, dass zumindest keine grundsätzlichen Hindernisse erkennbar sind. Vgl. hierzu die Beiträge aus verschiedenen Kulturräumen in Peccoud (2004).

verwendet und auch die Erklärung selbst nicht für solche Zwecke geltend gemacht werden dürfen. Außerdem soll der komparative wirtschaftliche Vorteil eines Landes nicht durch die Erklärung und ihre Folgemaßnahmen in Frage gestellt werden.[76] Jedoch zeigt die Erfahrung, dass Staaten sich auf eine Anhebung der Standards einigen, weil einige im internationalen Wettbewerb stehende nationale Wirtschaftsakteure davon Vorteile erwarten. So können inländische mit Importen konkurrierende Produzenten großes Interesse daran haben, dass das Niveau der Arbeits- und Sozialbedingungen im Ausland erhöht wird.[77]

Zur Abschwächung des internationalen Wettbewerbs tragen auch die Globalisierungskritiker mit ihrer Forderung bei, die multinationalen Konzerne sollten in Niedriglohnländern höhere Löhne zahlen. Sie argumentieren, dass die relativ hohe Produktivität in den modernen Produktionsanlagen der Multis zu höheren Löhnen führen müsse. Dieses Argument ist jedoch nicht stichhaltig. Die Globalisierungsgegner verstehen nicht, dass das Lohnniveau der durchschnittlichen Inlandsproduktivität und nicht der Produktivität eines bestimmten Unternehmens entsprechen muss, um komparative Vorteile im Außenhandel zu nutzen.[78] Der Zusammenhang zwischen dem Niveau der Arbeitsbedingungen und den komparativen Vorteilen im Außenhandel von Entwicklungsländern wird in der Literatur noch kontrovers diskutiert. Es ist strittig, ob Länder durch niedrige Standards der Arbeitsbedingungen bei der Herstellung von arbeitsintensiven Gütern ihre Wettbewerbsfähigkeit verbessern und so Produktion und Exporte steigern können.[79]

---

76 Vgl. Internationale Arbeitsorganisation (1998), Punkt 5.
77 Vgl. Hefeker/Wunner (2002), S. 429 ff.; zur Frage der Bedeutung der ILO-Kernarbeitsnormen für Niedriglohnländer und für Hocheinkommensländer vgl. Schmidt (2005), S. 285 ff.
78 Vgl. Krugman (1999), S. 94 f.
79 Vgl. Busse (2002), S. 1921 ff.

Befürworter des ILO-Normensystems verlangen, die grundlegenden Arbeitsrechte in das internationale Handelsrecht der WTO aufzunehmen. Nur so ließe sich die Gefahr vermeiden, dass durch den Handel mit Ländern, die noch ein niedriges Schutzniveau für die Arbeitnehmer aufweisen, die Arbeitsrechte und Löhne in den Industrieländern aus Wettbewerbsgründen abgesenkt würden. Im Kern ist dies ein rein protektionistisches Argument. Dagegen steht die Auffassung, dass Regeln für den Arbeitsmarkt primär ein Aufgabengebiet nationaler Politik souveräner Staaten seien und nicht Gegenstand internationaler Handelsvereinbarungen sein dürften; die internationale Verbreitung von Arbeitsnormen sei Aufgabe der ILO. Im Übrigen könne man die strategische Veränderung von nationalen Arbeitsnormen, falls sie zur Erlangung von Vorteilen im internationalen Wettbewerb vorgenommen werden sollten, mit WTO-Verpflichtungen (Art. XXIII) verhindern. Denn wenn gegebene Zusagen eines Staates für einen diskriminierungsfreien Zugang zum heimischen Markt durch Veränderung der nationalen Politik unterlaufen werden, können von den benachteiligten Ländern zusätzliche Zollkonzessionen gefordert werden.

Die aufgezeigten Probleme der Sanktionsverfahren und der Ausnutzung von Arbeits- und Sozialnormen für protektionistische Zwecke bestehen weiterhin. Die ILO versucht, ihren Beitrag zu einer internationalen Sozialordnung durch zusätzliche Anstrengungen weiterzuentwickeln: Anfang 2002 wurde die Weltkommission für die soziale Dimension der Globalisierung (World Commission on the Social Dimension of Globalization, WCSDG) gegründet.[80] Sie soll sich mit den wirtschaftlichen und sozialen Folgen der Globalisierung für Märkte, Wirtschaft und Gesellschaft befassen. Zielsetzungen und Arbeitsprogramm sind im ersten Bericht „A Fair Globalization: Creating Opportunities for All" im Februar 2004 vorgelegt und in einer Resolution der Vollversammlung der Vereinten Nationen im Dezember 2004 als

---

80 Vgl. Internationale Arbeitsorganisation (2004).

Orientierung für die soziale Dimension der Globalisierung angenommen worden. Die Weltkommission orientiert sich am Ziel, „menschenwürdige Arbeit für alle" zu schaffen. Ihre Empfehlungen werden von den Mitgliedstaaten der ILO, der EU und anderen internationalen Organisationen weitgehend mitgetragen.

Für zukünftige Überlegungen zu einer sozialen Rahmenordnung in der Weltwirtschaft ist der ausdrückliche Hinweis im ersten Bericht der Weltkommission sehr wichtig, dass auch das innenpolitische Verhalten der Staaten als globale Akteure entscheidend die Qualität der Weltordnungspolitik bestimmt. Daher seien auf nationaler Ebene dringend erforderlich: „Gute politische Entscheidungsstrukturen auf der Grundlage eines demokratischen politischen Systems, Achtung der Menschenrechte, Rechtsstaatlichkeit und soziale Gerechtigkeit; ein effizienter Staat, der ein hohes und stabiles Wirtschaftswachstum gewährleistet, öffentliche Güter und sozialen Schutz bietet, die Fähigkeiten der Menschen durch einen allgemeinen Zugang zu Bildung und anderen sozialen Diensten verbessert und die Gleichstellung der Geschlechter fördert"[81]. Diese Anforderungen werden auch als Prinzip der „Good Governance" bezeichnet. In jüngerer Zeit hat Good Governance immer deutlicher den Charakter eines transnationalen Leitbildes der Staatlichkeit von der Qualität eines freiheitlichen Rechtsstaates erhalten. Entsprechend hat beispielsweise die EU die Good-Governance-Regel in Wirtschaftsverträgen mit Entwicklungsländern und in das Cotonou-Abkommen zur Regelung der Partnerschaft mit den Ländern Afrikas, des Karibischen Raumes und des Pazifischen Ozeans (AKP-Länder) aufgenommen.

---

81 Weltkommission für die soziale Dimension der Globalisierung (2004), Synopsis, S. 4.

3.5 Leitlinien der OECD für multinationale Unternehmen

Ein eigener Ansatz zur Verbesserung sozialer Rahmenbedingungen in der Weltwirtschaft sind die für eine Gruppe von Industrieländern und multinationale Unternehmen konzipierten OECD-Leitlinien. Nach einer ersten Erklärung der Regierungen der OECD-Mitgliedsländer 1976 zu internationalen Investitionen und multinationalen Unternehmen, die formal den Charakter einer Empfehlung hatte, sind in einem Dialog zwischen Regierungen, Wirtschaft, Gewerkschaften und NGOs die Leitgedanken zu ökonomischen, sozialen und umweltbezogenen Kernbereichen der weltwirtschaftlichen Entwicklung überarbeitet und weitergeführt worden. Die jüngste Erklärung des Rates der OECD im Jahr 2000 zu internationalen Investitionen und multinationalen Unternehmen wird von allen 30 OECD-Mitgliedsländern und neun Nichtmitgliedstaaten (darunter Argentinien, Brasilien, Chile und Israel) getragen.[82]

Der Inhalt der Erklärung ist ein Appell, die positiven Beiträge multinationaler Unternehmen zu wirtschaftlichem und sozialem Fortschritt zu stärken und die Schwierigkeiten, die aus den Unternehmenstätigkeiten entstehen könnten, zu minimieren und zu überwinden. Die von den Regierungen gemeinsam an die Unternehmen gerichteten Leitsätze enthalten Prinzipien und Standards für verantwortliches Unternehmensverhalten in der Welt. Die internationalen Investitionen und das Verhalten der multinationalen Unternehmen sollen dazu beitragen, Fortschritte bei wirtschaftlichen, sozialen und ökologischen Zielen auf dem Weg zu einer nachhaltigen Entwicklung zu erreichen. Die Leitlinien verpflichten zur Achtung der Menschenrechte und der international anerkannten Kernarbeitsnormen. Ferner werden relativ weitreichende umweltpolitische Vorgaben gemacht. Außerdem sind in einem Abschnitt der Leitlinien Aufforderungen zur Bekämpfung der Korruption und zum Schutz

---

82 Vgl. OECD (2000).

der Konsumenten enthalten. Insgesamt beabsichtigen die Regierungen mittels der Leitlinien für multinationale Unternehmen, den internationalen rechtlichen und politischen Rahmen zu gestalten, innerhalb dessen die privaten Wirtschaftsakteure frei handeln.

Welches sind die Hauptprobleme des Ordnungsansatzes der OECD-Leitlinien? Es sei daran erinnert, dass die Leitlinien eine Reaktion auf die schon in die 1970er Jahre zurückreichende und bis heute anhaltende Kritik in Teilen der Öffentlichkeit – häufig von NGOs medienwirksam vertreten – am Verhalten von multinationalen Unternehmen in Entwicklungsländern sind. Vielfach wurden und werden sie als die Hauptverursacher der negativen Auswirkungen der Globalisierung gesehen. Der Vorwurf der Missachtung grundlegender politischer und bürgerlicher Freiheitsrechte und Arbeitnehmerrechte und der Vorwurf der Ausbeutung der Umwelt wird häufig erhoben. So heißt es beispielsweise in einer sehr kritischen Auseinandersetzung mit der heutigen Weltwirtschaftsordnung: „Die transkontinentalen Privatgesellschaften, die das mächtigste Kapital und die leistungsstärksten Technologien und Laboratorien besitzen, die die Menschheit je gesehen hat, sind das Rückgrat dieser ungerechten und todbringenden Ordnung."[83] Dagegen weisen neuere empirische Untersuchungen nach, dass seit den 1980er Jahren die Multis die Direktinvestitionen besonders in denjenigen Entwicklungsländern erhöht haben, in denen die politischen und bürgerlichen Freiheitsrechte verbessert worden sind, und dass die Investitionen dort erhebliche positive Wirkungen für das Wirtschaftswachstum und die Schaffung von Arbeitsplätzen gehabt haben.[84]

Größere Schwierigkeiten gibt es bei der praktischen Umsetzung der eingegangenen Verpflichtungen. Die Leitlinien sind für die OECD-Mitgliedsländer nicht verbindlich, so dass deren

---

83 Ziegler (2005), S. 17.
84 Vgl. Busse (2002).

Beachtung durch die Unternehmen rechtlich nicht erzwingbar ist. Um dennoch die praktische Durchsetzung der Leitlinien zu erreichen, wurde der Umsetzungsmechanismus insgesamt verbessert, und es sind spezielle Berichts- und Kontrollverfahren eingeführt worden. Es wurde in jedem teilnehmenden Land als Regierungsinstitution eine „nationale Kontaktstelle" eingerichtet (in Deutschland im Bundesministerium für Wirtschaft und Arbeit), in der in Zusammenarbeit von Regierung, Sozialpartnern und anderen interessierten Gruppen, erstmals auch NGOs, der Inhalt der Leitlinien verbreitet, die Implementierung der Regeln unterstützt und Beschwerden gegen das Verhalten von multinationalen Unternehmen behandelt werden. Die nationalen Kontaktstellen müssen jährlich an den OECD-Ausschuss für Internationale Investitionen und Multinationale Unternehmen berichten, der für die Auslegung der Leitsätze sowie die Überprüfung ihrer Wirksamkeit zuständig ist.

In den Jahren 2000 bis 2005 haben NGOs und Gewerkschaften mehr als 100 Beschwerden vorgebracht.[85] Zwar ist es in konkreten Beschwerdefällen gelungen, Konflikte zwischen Betroffenen zu reduzieren, und in einigen Fällen konnten die nationalen Kontaktstellen den Unternehmen sinnvolle Empfehlungen für ein besseres Verhalten geben. Aber insgesamt ist bisher nicht erkennbar, ob die Leitsätze größeren Einfluss auf das Verhalten multinationaler Unternehmen gehabt haben. Ferner ist die Arbeitsweise der nationalen Kontaktstellen noch unzureichend. Daher wird von der OECD-Watch – einem internationalen Netzwerk von 47 NGOs in 28 Ländern – gefordert, wirksame Sanktionen gegen Unternehmen vorzusehen, den Monitoring-Prozess zu erweitern und eine parlamentarische Überwachung einzuführen. Die Behandlung von Beschwerdefällen soll Gerichten oder Ombudsstellen übertragen werden.

Es ist allerdings zweifelhaft, ob für die Lösung des Umsetzungsproblems von Leitlinien für multinationale Unternehmen

---

85 Vgl. Germanwatch (2005).

die Ausweitung von Regelungen und Überwachungsverfahren der richtige Weg ist. Gewinnorientierte Unternehmen reagieren nämlich vor allem auf eingetretene oder erwartete wirtschaftliche Sanktionen auf Beschaffungs- und Absatzmärkten, und da sollten Sanktionsmaßnahmen ansetzen, die etwa bei schwerwiegenden Verstößen gegen soziale Regeln das Image eines multinationalen Unternehmens angreifen. Wie gefährlich es für Multis ist, ethische, soziale und umweltpolitische Faktoren zu vernachlässigen, haben die erfolgreichen Boykottaufrufe von Umweltschutzorganisationen und Verbrauchergruppen in den Fällen Nike, Nestlé, Shell und Citigroup gezeigt. In den letzten Jahren ist zu beobachten, dass ein im Wettbewerb erfolgreicher Auf- und Ausbau von Absatzmärkten in Industrieländern bereits bis zu einem gewissen Grad die Einhaltung von geltenden Sozial- und Umweltschutzbestimmungen voraussetzt.[86] Diese Entwicklung in Richtung marktwirtschaftlicher Sanktionsmechanismen durch freie Entscheidungen der Marktteilnehmer statt bürokratischer Regelung und Überwachung gilt es zu fördern.

Allerdings ist bei vielen Vorschlägen der zivilgesellschaftlichen Akteure, insbesondere der NGOs, eine Präferenz für eine größere Regelungsdichte zu sehen. Das zeigt auch der Fall des geplanten multilateralen Investitionsabkommens (Multilateral Agreement on Investment, MAI), über das im Rahmen der OECD von 1995 bis 1998 verhandelt worden ist und das wegen zahlreicher Widerstände von Regierungen und NGOs nicht verwirklicht werden konnte. Die ursprüngliche Zielsetzung war, ein umfassendes multilaterales Rahmenwerk für internationale Investitionen mit hohen Standards für die Investitionsregulierung – Investitionsschutz, Liberalisierung der Investitionen und effektives Streitschlichtungsverfahren – bereitzustellen. Es sollte die zahlreichen bilateralen und regionalen Investitionsabkommen im Aktivitätsbereich der OECD in einem einzigen Investitionsabkommen zum Schutz der Rechte ausländischer Investoren

---

86 Vgl. Senti (2006), S. 68.

zusammenfassen. Die Kritik an dem geplanten Abkommen kam vor allem von Seiten der Gewerkschaften und vieler NGOs, die auf eine qualitative Anreicherung des Entwurfs drängten, das heißt auf die Aufnahme von verbindlichen Klauseln zur Einhaltung von Umwelt-, Arbeits-, Gesundheits-, Sicherheits- und Menschenrechtsstandards. Diese Forderungen waren in ihrem Umfang und der verlangten Verbindlichkeit sehr problematisch und bedeuteten eine Überfrachtung einer für ein Sachgebiet vorgesehenen Regelung.

Die hier und bei anderen Fällen erkennbare Präferenz der NGOs für weitere Regulierungen lässt sich auf eine stark antikapitalistische Grundhaltung zurückführen.[87] Sie verleitet häufig zu wirtschaftspolitischen Empfehlungen, die letztlich protektionistische Wirkungen haben, wie beispielsweise die Forderung nach höheren Sozial- und Umweltstandards in Entwicklungsländern, die – sollten sie tatsächlich bürokratisch durchgesetzt werden – dort zu höheren Produktionskosten und damit zu Wettbewerbsvorteilen für Unternehmen in Industrieländern führt.

3.6 Entwicklungsperspektiven für eine internationale Sozialordnung

In den vorangegangenen Abschnitten sind die wichtigsten internationalen Vereinbarungen für soziale Regeln in der Weltwirtschaft dargestellt und jeweils die damit verbundenen Probleme erörtert worden. Zu fragen bleibt, welche Entwicklungsperspektiven sich für eine auf dem Schutz der Menschenrechte aufbauende internationale Sozialordnung ergeben. Das Verständnis von sozialer Gerechtigkeit ist in den einzelnen Gesellschaften der Welt sehr unterschiedlich, und dementsprechend ist jeweils die soziale Politik (im weiteren Sinn) – unter Berücksichtigung der binnenwirtschaftlichen Möglichkeiten – angelegt.

---

87 Vgl. hierzu Sachs (2005), S. 428 f.

Ob auf der Grundlage der bisherigen völkerrechtlichen Abkommen und der verschiedenen Erklärungen zu wirtschaftlichen und sozialen Menschenrechten schließlich ein Netz von Mindestnormen einer internationalen Sozialordnung entsteht, die das Verhalten staatlicher und privater Akteure in der liberalen Weltwirtschaft verändern, ist heute nicht vorauszusehen. Es gibt eine Reihe von Hindernissen, die zu einer eher skeptischen Einschätzung der Entwicklungsperspektive für eine internationale Sozialordnung veranlasst:

☐ Die Präferenzen staatlicher und privater Akteure hinsichtlich des gewünschten institutionellen Arrangements für eine internationale Sozialordnung, die den Charakter eines öffentlichen Gutes hat, sind sehr unterschiedlich. Die Präferenzen auf dieser Regelebene divergieren sehr viel stärker als auf der Ebene der nationalen Regelungen, die erfahrungsgemäß innenpolitisch meistens umstritten sind. Die Vor- und Nachteile von globalen Regelungen werden von den Betroffenen sehr unterschiedlich eingeschätzt.

☐ Das Wissen über sozial vernünftige und ökonomisch vertretbare Einzelregeln und Regelsysteme ist bruchstückhaft und von zeit- und ortsbedingten Umständen abhängig. Daher ist unverzichtbar, dass dezentralisiertes Suchen und Entdecken von sinnvollen sozialen Regeln möglich ist, die im Fall der Bewährung auch globale Bedeutung erlangen könnten. Wichtig ist auch für den sozialen Bereich, ausreichend Raum für einen Wettbewerb der Ideen, Konzepte und Maßnahmen zu haben und zu nutzen.

☐ Die politischen Bemühungen um eine humane Sozialordnung für die Welt gehen von der Annahme aus, dass es eine weltweite Zustimmung gibt, die globalen und die generationenübergreifenden Lebenschancen anzugleichen. Es wird globale Solidarität aller Menschen unterstellt, die zur Bereitschaft führt, freiwillig Verantwortung für andere Menschen und nachfolgende Generationen zu übernehmen. Zu den Fragen, ob diese Option einer „Makrosolidarität" überhaupt sinnvoll ist und ob sie realisierbar erscheint, finden sich in der neueren Literatur eher zurückhaltende und skeptische Überlegungen.[88] Ansätze partiell nachweisbarer Makrosolidarität könnten genutzt werden, um in kleineren Schritten zu einzelnen Regeln der Solidarität in der Weltgesellschaft zu kommen.

☐ Die Forderungen von Globalisierungskritikern nach minimalen Sozialstandards unterschätzen die möglichen Auswirkungen auf die internationale Arbeitsteilung. Geht es nur um ein Minimum an Sozialstandards im Sinne von Sicherung der dringendsten Lebensbedürfnisse in einem Land, treten kaum Folgen für den Außenhandel auf. Zielen die Forderungen jedoch auf eine Harmonisierung der Sozialstandards, dann kommt es zu ähnlich schwerwiegenden Beschränkungen der internationalen Arbeitsteilung wie beim Protektionismus. Vorschläge zu einer globalen Mindestharmonisierung von Arbeitsbedingungen sowie von Sozial- und Umweltstandards ignorieren vielfach, dass dies in ärmeren Ländern zu einer Erhöhung der Lohn-, Sozial- und Umweltkosten führen würde, die nicht durch deren Produktivitäten und Steuereinnahmen gedeckt werden können. Dies würde ganz erheblich die Möglichkeiten von Niedrigeinkommensländern verschlechtern, ihre komparativen Kostenvorteile auf offenen Weltmärkten auszunutzen und so aufholende wirtschaftliche und soziale Entwicklungsprozesse zu beginnen.[89]

Trotz der angeführten Schwierigkeiten muss nicht auf die Entwicklung einer maßvollen internationalen Sozialordnung verzichtet werden. Die Bereitstellung des globalen öffentlichen Gutes „Schutz der Menschenrechte" können die Staaten nur gemeinsam bewerkstelligen. Heute ist bereits hilfreich, dass die zunehmende weltwirtschaftliche Integration mit verbesserten Informationen über nationale Menschenrechts- und Sozialpolitiken einhergeht. Dies erleichtert die Kritik seitens internationaler Organisationen und auch der NGOs an solchen Regierun-

---

88 Vgl. hierzu die verschiedenen Beiträge in Müller/Reder (2003).
89 Vgl. Bender (2000), S. 14.

gen, die bei der Umsetzung von Arbeits- und Sozialnormen unverhältnismäßig stark von national möglichen, wirtschaftlich vertretbaren Niveaus abweichen. Wenn auf internationaler Ebene weitere Regeln diskutiert werden, die das Mindestniveau sozialer Normen anheben sollen, dann sollte bei der Bestimmung von Sozialzielen stärker als bisher auf die ökonomische sowie politische Leistungsfähigkeit eines Landes geachtet werden. Internationale Absprachen können die Ausrichtung nationalstaatlicher Sozialpolitik auf die in der Weltgemeinschaft anerkannten Grundsätze zur Verwirklichung sozialer Gerechtigkeit unterstützen. Darin kann man nach *Hermann Sautter* den „ethisch positive(n) Aspekt einer internationalen Sozialordnung" sehen.[90]

---

90   Sautter (1999), S. 375.

4 Der internationale Rahmen für den Umweltschutz

4.1 Nachhaltigkeit des globalen Ökosystems

Die Umweltressource von der Qualität der „Nachhaltigkeit des globalen Ökosystems" hat den Charakter eines öffentlichen Gutes, dessen Bereitstellung viele wünschen, da es die gegenwärtigen und zukünftigen Lebensbedingungen in allen Regionen der Welt beeinflusst. Dieses Gut zu schaffen ist seit Anfang der 1970er Jahre zu einer Aufgabe von hoher Priorität in der internationalen Staatengemeinschaft geworden. Dazu haben zwei Entwicklungen beigetragen: Erstens die Einsicht, dass die Umwelt ein knappes Gut ist und die Belastung des Umweltsystems nicht wie bisher fortgesetzt werden kann. Zweitens haben der globalisierte Handel, die Investitionen und die Produktion zu grenzüberschreitenden Umweltbelastungen geführt, deren Reduzierung die Möglichkeiten einzelstaatlicher Politik überschreitet. Klassische globale Kollektivgüter wie das Weltklima, die Ozonschicht, die Artenvielfalt bei Pflanzen und Tieren und internationale Allmenderessourcen wie die Weltmeere und der Weltraum können durch nationalstaatliches Handeln allein nicht geschützt und für die Zukunft gesichert werden.

Der internationale Umweltschutz ist von den Vereinten Nationen schon kurz nach dem Zweiten Weltkrieg als eine neue Aufgabe gesehen worden. Eine erste Konferenz über die Erhaltung und Nutzung der Ressourcen der Welt fand bereits 1949 statt.[91] Ab Ende der 1960er Jahre haben sich die Vereinten Nationen intensiv mit der globalen Umweltpolitik befasst. Zwar gab es bereits in den 1950er Jahren erste internationale Umweltverträge – wie das völkerrechtliche Übereinkommen zur Verhütung der Meeresverschmutzung durch Öl (1954) –, aber die mehrere Sachgebiete betreffenden globalen Politikansätze begannen erst

---

91 Vgl. Beyerlin (2000), S. 7 ff.

zwanzig Jahre später. Die Umweltkonferenz von Stockholm (1972) hat in der „Erklärung über die Umwelt des Menschen" erste Zielvorstellungen und Grundsätze zum Schutz der Umwelt aufgestellt. Das Umweltrechtsprogramm der Vereinten Nationen von 1981 hat die Sachbereiche vorgegeben, in denen das globale, das regionale und das nationale Umweltrecht entwickelt werden sollten. Es wurde zugleich ein weltweiter Grundkonsens über den Kernbestand des Umweltrechts erreicht.

Der Bericht der Weltkommission für Umwelt und Entwicklung[92] über den Zusammenhang zwischen wirtschaftlicher Entwicklung und Schutz der Umwelt hat 1987 den Grundsatz der „umweltschonenden nachhaltigen Entwicklung" (sustainable development) aufgestellt, der den Bedürfnissen der gegenwärtigen und der zukünftigen Generationen gleichermaßen Rechnung tragen soll. Der Bericht bildete die Ausgangslage für die Konferenz über Umwelt und Entwicklung der Vereinten Nationen (Rio de Janeiro, 1992), die heute als Referenzpunkt für Überlegungen zur globalen Umwelt- und Entwicklungspolitik gilt. Die während der Konferenz deutlich gewordenen großen Differenzen zwischen Industrie- und Entwicklungsländern hinsichtlich der Zielsetzungen und Programme verhinderten jedoch eine verbindliche „Erd-Charta". Es kam allerdings zur „Erklärung von Rio über Umwelt und Entwicklung" und dem etwas substantielleren Aktionsprogramm „Agenda 21 – Programme of Action for Sustainable Development".

4.2 Internationale Regeln für die Ressourcen- und Umweltnutzung

Auf Initiative der Vereinten Nationen kam es seit den 1980er Jahren zu einer ganzen Reihe von umweltpolitischen Normensetzungen in Form ökologischer Leitlinien und bedeutender völkerrechtlicher Umweltübereinkommen auf globaler, regiona-

---

92 Vgl. Brundtland-Bericht (1987).

ler und subregionaler Ebene. Neben zahlreichen bilateralen Umweltschutzabkommen gab es 2002 bereits über 200 multilaterale Vereinbarungen zur Regelung der globalen Ressourcen- und Umweltnutzung.[93]

Der Inhalt der im Folgenden angeführten internationalen Umweltschutzvereinbarungen betrifft die weltwirtschaftlichen Aktivitäten in verschiedenen Bereichen. Denn die Regelungen, die sich in erster Linie auf die Zertifizierung von Exportgütern, das Handelsverbot sowie Produkt- und Produktionsvorschriften beziehen, nehmen direkt und indirekt weltweit Einfluss – wenn auch mit sehr unterschiedlicher Wirkung – auf Produktionsstandorte, Produktionsverfahren, Distribution der Güter, Konsum und Entsorgung.[94] Zum Ordnungsrahmen der Weltwirtschaft gehören somit auch Rahmenbedingungen für den Umweltschutz:

a) Weltcharta für die Natur (1982)
Die Generalversammlung der Vereinten Nationen beschloss einen Verhaltenskodex zur Behandlung der natürlichen Reichtümer in der Welt, der umfangreiche Maßnahmen für den Schutz und die Erhaltung natürlicher Lebensräume fordert. In der Weltcharta werden fünf Grundprinzipien für den Umgang mit der Natur aufgestellt, darunter das Erreichen und Erhalten der optimalen dauerhaften (sustainable) Produktivität des von Menschen genutzten Ökosystems. Es wird die Forderung erhoben, dass der Einzelne, Unternehmen, Staaten und internationale Organisationen zu einem Verhalten übergehen, das die Ziele der Weltcharta zu erreichen hilft.

---

93 Vgl. hierzu Sautter (2004), S. 232 ff. Internationale Umweltpolitik stützt sich heute auf mehr als 100 globale und 140 regionale multilaterale Umweltabkommen (www.unep.org). Zur Analyse der völkerrechtlichen Vereinbarungen zum internationalen Umweltschutz vgl. Beyerlin (2000), S. 83 ff.

94 Zu den so genannten WTO-externen Umweltschutzbestimmungen vgl. Senti (2006), S. 40 ff..

b) Übereinkommen zum Schutz der Ozonschicht

Hier sind das Wiener Übereinkommen zum Schutz der Ozonschicht (1985, in Kraft 1988, Zusatzprotokoll 1989) und das Montrealer Protokoll über Substanzen, welche die Ozonschicht verringern (1987, in Kraft 1989, Ergänzungen 1994 und später weitere Überarbeitungen des Protokolls entsprechend neuer naturwissenschaftlicher Erkenntnisse) anzuführen. Damit wurde ein internationales Regelsystem geschaffen, das eine Verringerung der ozonschädigenden FCKW-Emission und schließlich den vollständigen Verzicht auf FCKW bezweckt. Das Montrealer Protokoll enthält für Wirtschaftsunternehmen verbindliche, konkrete Produktions-, Verwendungs- und Handelsbeschränkungen für bestimmte Stoffe, die Ozon zerstören.

*c) Washingtoner Artenschutz-Abkommen
(1973, in Kraft getreten 1975)*

Das Abkommen versucht, durch Schutzvorschriften weltweit die Erhaltung seltener Pflanzen- und Tierarten gegen private wirtschaftliche Nutzungsinteressen durchzusetzen. Zu diesem Zweck sind auch Handelsbeschränkungen und -verbote für bedrohte Tier- und Pflanzenarten zulässig. Solche Maßnahmen sind dann sinnvoll, wenn Eigentumsrechte an Pflanzen- und Tierarten nicht oder nur mit höheren Kosten bestimmt und geschützt werden können.

d) Biodiversitäts-Konvention (1992, in Kraft getreten 1993)

Das inzwischen von über 180 Staaten ratifizierte Übereinkommen über die biologische Vielfalt gilt als entscheidender Schritt in Richtung einer wirksamen Artenschutzpolitik. Es handelt sich um eine Rahmenkonvention, die durch regionale und spezielle Abkommen konkretisiert werden soll. Zielsetzung ist, durch die Bekräftigung souveräner Verfügungsrechte über die in einem Land existierende Biodiversität die biologische Vielfalt zu erhalten, deren nachhaltige Nutzung durch den Menschen zu fördern und eine ausgewogene Verteilung der Ergebnisse aus der Nutzung genetischer Ressourcen zu erreichen. Letzteres soll durch bilaterale Verträge der interessierten Parteien geregelt werden. Ein bekanntes Beispiel ist die Vereinbarung eines „Benefit-Sharing" zwischen dem Pharmakonzern Merck, Sharp & Dome und einem halbstaatlichen Institut in Costa Rica.[95] Mit der Verpflichtung zur Bewahrung und nachhaltigen Nutzung der biologischen Vielfalt wird auch eine Leitlinie für die Handelspolitik vorgegeben.

*e) Konvention der Vereinten Nationen zur Bekämpfung der Wüstenbildung und der Dürrefolgen, insbesondere in Afrika
    (1994, in Kraft getreten 1996)*

Die regionalen und lokalen Verschlechterungen der Bodenqualität durch Überweidung, Entwaldung, unangepasste Landwirtschaft, Übernutzung und industrielle Aktivitäten treten zunehmend universell auf. Dadurch entsteht das globale Bodenproblem.[96] Die weltweite Gefährdung der Bodenfunktionen (Lebensraum-, Regelungs-, Nutzungs- und Kulturfunktion) war das Motiv zu diesem Abkommen. Bislang handelt es sich allerdings mehr um eine Absichtserklärung, die weitere Minderung der Bodenqualität und die Wüstenbildung durch geeignete Maßnahmen des Bodenschutzes zu vermeiden.

*f) Rotterdamer Konvention bzgl. Chemikalien und Pestiziden
    (beschlossen 1998)*

Die Konvention dient dem Schutz der Gesundheit und der Umwelt gegen Schäden, die möglicherweise durch den internationalen Handel mit gefährlichen Industriechemikalien und Pestiziden entstehen können. Etwaige Handelsbeschränkungen und

---

95 Vgl. Sautter (2004), S. 245.
96 Vgl. Simonis (1996), S. 61 f.

-verbote für die erfassten Chemikalien und Pestizide sind den einzelnen Vertragparteien überlassen.[97]

g) Internationaler Vertrag über genetische Ressourcen für Ernährung und Landwirtschaft (2001)

Der Vertrag schafft ein multilaterales System zum Austausch der für die Welternährung besonders wichtigen genetischen Ressourcen. Der Zugang zu diesen pflanzengenetischen Ressourcen soll weltweit frei sein. Da diese Ressourcen wegen ihrer großen Vorteile für alle den Charakter eines globalen öffentlichen Gutes haben, stehen schwierige ökonomische Entscheidungen über dessen Bereitstellung und Erhalt sowie genauere Kosten-Nutzen-Überlegungen an.

h) Rahmenabkommen der Vereinten Nationen über Klimaänderungen – Klima-Schutzkonvention (1992, in Kraft getreten 1994) und Kyoto-Protokoll

Die Konvention, die zunächst allgemeine Grundprinzipien festgelegt hat („soft law"), führte zu weiteren internationalen Umweltschutzkonferenzen. Erst durch das Kyoto-Protokoll über die Reduzierung von Kohlendioxydemissionen (vereinbart 1997) sind konkrete Verpflichtungen („hard law") für die Staaten festgeschrieben worden. Zum ersten Mal in der Geschichte hat sich ein großer Teil der Staatengemeinschaft verbindliche und nachprüfbare Klimaschutzziele gesetzt, um die Treibhausgaskonzentration in der Atmosphäre wenigstens zu stabilisieren: Die 160 Unterzeichnerstaaten müssen bis zum Jahr 2012 ihren Ausstoß an sechs Treibhausgasen um durchschnittlich 5,2 Prozent gegenüber 1990 reduzieren. Dieser Ansatz eines internationalen Umweltschutzregimes regelt über die Zuteilung von Verfügungsrechten den Zugang zu einem globalen öffentlichen Gut. Für Wirtschaftsakteure gibt es also keinen freien Zugang zur Atmosphäre mehr. Das geschaffene Regelsystem soll einer Übernut-

---

[97] Vgl. Neumann (2002), S. 258 ff.

zung dieser Weltressource entgegenwirken. Ferner sieht das Protokoll den weltweiten Handel mit Emissionsrechten für Treibhausgase für die Betreiber energieerzeugender und energieintensiver Anlagen vor.

Das Kyoto-Protokoll ist seit Anfang 2005 in Kraft. Es verpflichtet die Industrieländer, die es inzwischen ratifiziert haben. Durch eine EU-Richtlinie wurde es für die Mitgliedstaaten der Union zu einer verbindlichen Vorgabe. Verhandlungen über die Weiterführung des Klimaschutzes nach 2012 (Kyoto II) sind auf dem Welt-Klimagipfel 2005 bereits vereinbart worden.

Allerdings haben die USA als weltgrößter Emittent von Treibhausgasen bisher eine Ratifizierung des Protokolls abgelehnt. Auch China und Indien als weitere bedeutende Emittenten haben bisher keine Beschränkung ihres Ausstoßes klimaschädlicher Gase akzeptiert. Als alternativen Ansatz haben die USA zusammen mit Japan, China, Indien und Südkorea eine asiatisch-pazifische Partnerschaft gebildet, um Klimaschutz durch Technologietransfer, verstärkte Forschung und freiwillige Zusammenarbeit zu erreichen. Ob sich hieraus ein besserer Lösungsansatz für das Problem des Klimaschutzes entwickelt, ist noch offen.

Im Rahmenabkommen der Vereinten Nationen über Klimaänderungen ist festgehalten, dass Klimaschutzmaßnahmen nicht als ein Mittel willkürlicher oder ungerechtfertigter Diskriminierungen oder einer verschleierten Handelsbeschränkung angewendet werden sollen. Jedoch sind Handelsbeschränkungen, etwa bei besonders klimaschädlichen Produkten, zum Schutz des Weltklimas nicht verboten.[98]

i) Seerechts-Konvention der Vereinten Nationen (1982, in Kraft getreten 1994)
Dieses in mehreren Seerechts-Konferenzen seit 1973 ausgehandelte Abkommen wird auch als „Verfassung für die Weltmeere"

---

98 Vgl. Neumann (2002), S. 242.

bezeichnet. Es regelt die zwischenstaatlichen Kompetenzen hinsichtlich einer natürlichen Ressource, die in staatsfreien Räumen liegt. Angesprochen werden alle Nutzungsfunktionen der Weltmeere, das heißt die Transport-, Deponie- und Ressourcenfunktionen.[99] Das Abkommen zielt auf den Schutz und die Bewahrung der Meeresumwelt ab und enthält Auflagen für die privatwirtschaftliche Fischereitätigkeit sowie für die Bestandssicherung auf Hoher See und in der Ausschließlichen Wirtschaftszone der Küstenstaaten. Das Seerechtsübereinkommen enthält mehrere implizite Maßstäbe für die Rechtmäßigkeit von Handelsbeschränkungen.[100]

j) Baseler Konvention über die Kontrolle der grenzüberschreitenden Verbringung gefährlicher Abfälle und ihrer Entsorgung – Konvention zum Müllexport – (1989, in Kraft getreten 1992)
Zweck des Übereinkommens ist, Gefährdungen der Umwelt durch Transporte gefährlicher Abfälle über die Landesgrenzen hinweg zu verhindern, soweit nicht bestimmte Bedingungen erfüllt sind. Die Konvention verpflichtet die Vertragsstaaten, den nicht im Inland zu entsorgenden Müll nur dann zu exportieren, wenn das importierende Land zustimmt und dort eine umweltgerechte Entsorgung oder Aufarbeitung garantiert ist.

k) Waldkonvention
(seit der Rio-Konferenz von 1992 laufende Verhandlungen)
Ziel der diskutierten Waldkonvention ist, einen völkerrechtlichen Rahmen zu schaffen, um weltweit die Bewirtschaftung, Erhaltung und nachhaltige Entwicklung der Wälder zu erreichen. Die Probleme, welche die Waldvernichtung und Walddegradation für das Weltklima und andere ökologische Prozesse geschaffen haben, werden durch andere völkerrechtliche Ab-

---

99 Vgl. Sautter (2004), S. 250 ff.
100 Vgl. Neumann (2002), S. 265.

kommen (wie zum Beispiel die Klimarahmenkonvention) nur ungenügend berücksichtigt.

4.3 Probleme einer globalen Ordnung der Ressourcen- und Umweltnutzung

Die Entwicklung einer globalen Rahmenordnung für die Ressourcen- und Umweltnutzung ist mit einer ganzen Reihe von Schwierigkeiten verbunden. Man kann vier Problemkomplexe unterscheiden:

Erstens geht es um die Frage der ökonomischen und politischen Priorität globaler Regeln des Umweltschutzes. Maßnahmen zum Schutz der Umwelt verursachen Kosten, das heißt es müssen knappe Ressourcen aufgewendet werden. Dadurch entsteht Konkurrenz zu anderen Verwendungsalternativen der begrenzten Ressourcen, ein Dilemma, das in allen Volkswirtschaften vorliegt und in Ländern mit unterschiedlichem wirtschaftlichen und politischen Entwicklungsstand zu anderen Prioritäten führt. So könnten in Entwicklungsländern die privaten und staatlichen Akteure die Priorität eher bei Investitionen sehen, welche direkt und kurzfristig das Wirtschaftswachstum und die Beschäftigung erhöhen und deshalb Ausgaben zum Beispiel für die Erosionsbekämpfung und das Grundwassermanagement als weniger wichtig einstufen. Daher sollte man bei der Entwicklung internationaler Regeln zum Umweltschutz stärker die Kostendimension beachten und Maßnahmen bevorzugen, die möglichst große individuelle wirtschaftliche Anreize zu umweltfreundlichem Verhalten von Produzenten und Konsumenten geben.

Nationale Regierungen sind durch die Ratifizierung völkerrechtlicher Regeln zum Umweltschutz die Verpflichtung eingegangen, in ihren Kompetenzbereichen auf ein ressourcenschonendes und umweltschützendes Verhalten der Wirtschaftsakteure hinzuwirken. Einige Regelungen sehen vor, dass Verfügungsrechte über heimische natürliche Ressourcen im Interesse des internationalen Umweltschutzes eingeschränkt werden. Hierzu sind die betroffenen Länder – fast ausschließlich Entwicklungsländer – kaum bereit, da Kompensationszahlungen seitens der Staatengemeinschaft unsicher oder sogar ungeklärt sind.

Die bisherigen Umweltregeln betreffen nur wenige Sachgebiete. Der Ausbau der internationalen Umweltordnung hängt stark vom Problembewusstsein der Bevölkerung in den weltpolitisch dominanten Staaten ab, das – wenn es gefördert würde – zu Forderungen an die nationalen Regierungen nach einer Verbesserung der Bedingungen für nachhaltige Entwicklung führen könnte. Politische Organisationen und NGOs können so die Verbesserung und Erweiterung des Regelsystems unterstützen.[101] Allerdings erschweren nach *Sautter*[102] folgende politische und ökonomische Gründe die weitere Entwicklung:

☐ Für die Bevölkerung der USA als dominierendem Staat besitzt die Lösung eines Problems keine hohe Priorität (beispielsweise bei der Begrenzung der CO_2-Emission);

☐ die USA sind deshalb in internationalen Verhandlungen nicht Vorreiter, sondern behindern eher die Verhandlungen (besonders offenkundig bei der Klima-Rahmenkonvention);

☐ andere Staaten besitzen zu wenig Einfluss, um eine internationale Führungsrolle bei der Etablierung eines Regelsystems übernehmen zu können;

☐ es fehlen finanzielle Anreize (so etwa bei der Biodiversitäts-Konvention);

☐ handelspolitische Sanktionen sind – soweit vereinbart – wenig wirksam (beispielsweise beim Washingtoner Artenschutzabkommen);

☐ in zahlreichen Vertragsstaaten sind die nationalen Umsetzungsmechanismen unzureichend (so insbesondere bei der Wüstenkonvention und der Seerechtskonvention).

---

101 Zu den unterschiedlichen Rollen, Strategien und Möglichkeiten international tätiger Umweltschutz-NGOs vgl. Kohout/Mayer-Tasch (2002), S. 15-22.
102 Sautter (2004), S. 254.

Ein zweiter Problembereich für internationale Regelungen des Umweltschutzes betrifft die ordnungspolitische Ausrichtung der gesamten Umweltschutzpolitik. Es dominiert bisher bei der Implementierung von Umweltschutzmaßnahmen das Ordnungsrecht, also die Vorgabe von Grenzwerten und anderen Auflagen, wie zum Beispiel Vorschriften zum Einsatz bestimmter Produkte und Techniken, während ökonomische Steuerungsinstrumente wie Emissionszertifikate, Emissionsabgaben und das Umwelthaftungsrecht nur vereinzelt verwendet werden. Abgesehen von dem auf internationaler Ebene kaum lösbaren Problem einer Kontrolle der Auflageneinhaltung und der Sanktionierung bei Übertretungen haben Auflagen einen großen Nachteil. Sie geben dem privatwirtschaftlichen Sektor, sowohl den Forschungs- und Entwicklungseinrichtungen als auch den Unternehmen, zu wenig wirtschaftliche Anreize, aus Eigeninteresse vom additiven Umweltschutz (auch bezeichnet als „End-of-Pipeline-Technologien") zu Maßnahmen des integrierten Umweltschutzes überzugehen, also zu umweltfreundlichen Produkten und Herstellungsverfahren.

Außerdem sollte man die ordnungspolitische Ausrichtung einer globalen Umweltschutzpolitik nicht als isoliertes Teilproblem sehen, vielmehr hat es wesentlich mit der generellen Fragestellung zu tun, wie es um die ordnungspolitische Vereinbarkeit der einzelnen weltwirtschaftlichen Teilordnungen steht. Da die Welthandels- und die Weltwährungsordnung vorwiegend auf marktmäßiger Koordinierung basieren, ist nach dem Grundsatz der Systemkonformität zu fordern, bei der sozialen und umweltbezogenen Rahmensetzung ebenfalls dem marktwirtschaftlichen Ansatz Vorrang zu geben. Zumindest ist darauf hinzuarbeiten, dass von bürokratisch-verwaltungswirtschaftlich gesteuerten Bereichen keine Störungen auf das marktmäßige Koordinationsverfahren ausgehen. Dessen Behinderung wäre für die Weltwirtschaft mit erheblichen Effizienzverlusten verbunden.

Als drittes Problem sind die Beziehungen zwischen der handels- und der umweltpolitischen Teilordnung anzuführen.

Zwischen Umweltschutz und Welthandel gibt es vielfältige Interdependenzen, welche die Festlegung von Zuständigkeiten und die Ausarbeitung von Regeln, die nicht zu Überschneidungen und Kollisionen führen sollen, sehr kompliziert machen.[103] Um die internationale Durchsetzung von Umweltschutzregeln zu verbessern, fordern einige, die WTO zu Handelssanktionen zu veranlassen. Ob sie allerdings eine konstruktive Rolle spielen kann, um die Einhaltung von sozialen und umweltbezogenen Vereinbarungen zu erzwingen, die in anderen institutionellen Zusammenhängen verhandelt und beschlossen worden sind, ist nach den bisherigen Untersuchungen auf diesem Gebiet unsicher. „At this early stage in the research literature, it is impossible to advance with confidence an answer to whether using WTO trade sanctions as an enforcement mechanism for global labor and environmental standards would end up benefitting either freer trade, labor, or the environment."[104] Bei umweltschutzbedingten Handelssanktionen wären also negative Wirkungen für die Handelsfreiheit in der Welt – und damit auf deren erwünschte ökonomische und soziale Ergebnisse – nicht auszuschließen.

Die vierte Schwierigkeit ist die Politikkoordinierung. Die Regeln für die wenigen bisher erfassten Sachgebiete stehen häufig isoliert nebeneinander. Seit längerem werden die institutionelle Zersplitterung und die mangelhafte Abstimmung zwischen den verschiedenen Umweltprogrammen, Sonderorganisationen und Spezialorganen der Vereinten Nationen kritisiert.[105] Eine Überwindung dieser Schwierigkeiten wird nach Auffassung der

---

103 Vgl. Neumann (2002), S. 112 ff.

104 Bagwell/Staiger (2001), S. 85. Zur Frage nach den Möglichkeiten einer verstärkten Integration der gesellschaftspolitischen Belange (Gesundheits-, Arbeits- und Umweltschutzfragen) in das heute geltende Welthandelssystem vgl. insbesondere Senti (2006), S. 43 ff.

105 Vgl. Gareis/Varwick (2002), S. 289 f.; zu den Argumenten von Befürwortern und Gegnern einer „Weltumweltorganisation" vgl. Biermann/Bauer (2005).

meisten Experten nicht in der häufig vorgeschlagenen institutionellen Lösung einer „Global Environmental Organisation" gesehen, die man sich in Form einer neuen Sonderorganisation der Vereinten Nationen „Weltorganisation für Umwelt und Entwicklung" vorstellen könnte.[106]

Verbesserungen in der internationalen Umweltpolitik erwartet man zum einen eher durch eine engere Koordinierung der verschiedenen Umweltaktivitäten der Vereinten Nationen. Sie haben mit dem Instrument der Umweltkonferenzen nicht nur der globalen Umweltpolitik in hohem Maß politische Priorität verschafft, sondern auch eine bessere Koordinierung der Einzelprogramme eingeleitet. So hat der „Weltgipfel für nachhaltige Entwicklung" in Johannesburg von 2002 die in Rio 1992 eingegangenen Verpflichtungen der Mitgliedstaaten überprüft, die Leitidee der Nachhaltigkeit bekräftigt und an den Grundsätzen der Vorsorge und der gemeinsamen, aber unterschiedlichen Verantwortung der Staaten festgehalten.

Zum anderen erwartet man eine bessere Umsetzung der umweltpolitischen Beschlüsse durch die Ausweitung ökonomischer Anreize bei der Regelanwendung, die insbesondere in den ärmeren Entwicklungsländern unbefriedigend ist. Da als Hauptursache des Klimawandels die Verbrennung fossiler Energieträger, insbesondere durch Aktivitäten in den reichen Ländern, anzusehen ist, wird gefordert, dass die reichen den armen Ländern zusätzliche Finanzhilfe geben, um dort eine umweltbewusste, nachhaltige Entwicklung zu unterstützen.[107]

Teilweise enthalten die internationalen Umweltschutzabkommen auch handels- und transferpolitische Instrumente, um die jeweiligen Vertragsinhalte zu erreichen. Allerdings ist die Effektivität handelspolitischer Maßnahmen zur Regulierung grenzüberschreitender Umwelteffekte, wie Verbote und Lizen-

---

106 Vgl. Biermann/Simonis (1998).
107 Vgl. Sachs (2005), S. 348.

zierungszwang für Importe und Exporte, umstritten.[108] Sie sind nach allen Erfahrungen zur Beeinflussung umweltrelevanter inländischer Produktions- und Konsumaktivitäten weniger gut geeignet als zwischenstaatliche Vereinbarungen oder als einseitig nationale Maßnahmen zum Schutz der Umwelt. Bei den transferpolitischen Instrumenten, welche die Verlierer beim Verzicht auf Nutzung einer natürlichen Ressource in einem Land von den Gewinnern in der Welt voll entschädigen sollen, hat sich die „Global Environment Facility" (GEF) – beschlossen von der Weltbank 1991 – als geeignete multilaterale Maßnahme erwiesen. Die Vereinbarung beinhaltet, dass aus den von den Industrieländern aufgebrachten Finanzmitteln Transfers an ein Entwicklungsland erfolgen, das global wirkende Ressourcen- und Umweltschutzmaßnahmen durchführt. Finanzielle Unterstützung wird in der Höhe geleistet, in der die inländischen Maßnahmekosten über den Kosten liegen, die zur Verwirklichung nationaler Umweltschutzziele aufgewendet werden müssen.

Insgesamt wird also die weitere Entwicklung einer globalen Ordnung der Ressourcen- und Umweltnutzung von der Lösung der angeführten politischen, wirtschaftlichen, ordnungspolitischen und institutionellen Probleme abhängen. Um für ein internationales Umweltregime die Rahmenbedingungen zu verbessern, wird vorgeschlagen,

☐ ein vertragliches Umfeld zu schaffen, das Kooperationen fördert

☐ einen flexiblen Umgang mit unfreiwilligen Abweichungen von Regeln vorzusehen,

☐ die umweltpolitischen Kapazitäten in weniger entwickelten Staaten auszubauen und

☐ die Nachzügler in der Heranführung an ein neues Regelungsniveau zu unterstützen.[109]

---

108 Vgl. Sautter (2004), S. 225 ff.
109 Vgl. Petschow/Dröse (1999), S. 30 und Utting (2004), S. 102 f.

5 Subsidiäre Regelungen zu sozialem und umweltbewusstem Verhalten

5.1 Ein subsidiärer Regelungsansatz in Wirtschaft und Zivilgesellschaft

Unterhalb der Ebenen internationaler, regionaler und nationaler öffentlich-rechtlicher Vereinbarungen über Bedingungen weltwirtschaftlicher Aktivitäten gibt es eine Ebene, auf der private Entscheidungsträger der Wirtschaft und der Zivilgesellschaft Leitlinien zu sozial verantwortlichem und umweltverträglichem Verhalten bei internationalen Handelsbeziehungen und Direktinvestitionen entwickeln und vereinbaren.[110] Das hierbei Entscheidende ist, dass für die in wirtschaftlicher Freiheit Tätigen Bereiche der Verantwortlichkeit bestimmt und zugleich begrenzt werden: Es geht um die unter normalen Umständen erkennbaren Folgen unternehmerischen Handelns vor allem für die Beschäftigten und für die Umwelt. In diesen Bereichen werden von Unternehmen und Verbänden Verpflichtungen zur Übernahme von Verantwortung eingegangen.

Diese Initiativen werden als subsidiärer Regelungsansatz bezeichnet, da hier dem gesellschaftspolitischen Prinzip der Subsidiarität folgend den sachnahen Akteuren eine eigenständige Erkennungs-, Entscheidungs- und Gestaltungskompetenz zuerkannt wird, soweit dies mit der staatlichen Rahmenordnung vereinbar ist. Nach dem Konzept der „sozialen Unternehmensverantwortung" (Corporate-Social-Responsibility) haben viele Unternehmen etwa seit Anfang der 1980er Jahre das gesellschaftliche Engagement ausgeweitet. Ihre sozial- und umweltpo-

---

110 Vgl. beispielsweise in Deutschland das Forum „Runder Tisch" im Bereich Verhaltenskodizes und Sozialstandards, in dem Unternehmen, Wirtschaftsverbände, Gewerkschaften, NGOs und Bundesministerien vertreten sind und bei der Einführung und Anwendung der Kodizes und Standards zusammenarbeiten (www.coc-rundertisch.de).

litische Einmischung und Partizipation werden heute als integraler Bestandteil ökonomisch begründeter Unternehmensstrategien verstanden.

Aus ordnungspolitischer Sicht kann man den subsidiären Regelungsansatz institutionell folgendermaßen einordnen: Die öffentlich-rechtlichen Regeln für die Bereitstellung und Sicherung der beiden globalen öffentlichen Güter „Schutz der Menschenrechte" und „Nachhaltigkeit des Ökosystems" haben den Charakter von „externen Institutionen" in der Weltwirtschaftsordnung.[111] Diese geben den Akteuren in der Privatwirtschaft und der Zivilgesellschaft mittel- bis langfristig einen rechtlichen Rahmen verbindlich vor, innerhalb dessen sie frei und innovativ handeln können. Durch die dabei eigenständig entwickelten privatrechtlichen Regelungen zu sozialem und umweltbewusstem Verhalten bei internationalen Wirtschaftstätigkeiten entstehen „interne Institutionen" innerhalb des weltwirtschaftlichen Ordnungsrahmens. Solche Institutionen werden von den Akteuren geschaffen, um die Transaktionskosten, die den Marktteilnehmern bei der Anbahnung, Aushandlung und Kontrolle von Transaktionen auf Märkten entstehen, bei den privatwirtschaftlichen internationalen Wirtschaftsaktivitäten zu senken.

Eine Übersicht zu den Entscheidungsträgern, den Normierungsebenen und den Formen der Ordnungsregeln für die Weltwirtschaft enthält Tabelle 2.

---

111 Zur Unterscheidung von externen und internen Institutionen vgl. Streit (2005), S. 87 f.

Ordnungsregeln für die Weltwirtschaft		
Entscheidungsträger	Normierungsebenen	Regelformen in wirtschaftlichen, sozialen und umweltrelevanten Sachgebieten
Staaten, internationale Organisationen, NGOs	global/ international	Abkommen (völkerrechtliche Verträge, z.B. in Form von universellen Rahmenübereinkommen und nachfolgenden Protokollen), Pakte, Erklärungen, Verhaltensrichtlinien, Empfehlungen
Staaten, internationale Organisationen, NGOs	regional	Abkommen (multilaterale und bilaterale völkerrechtliche Verträge), Erklärungen, Leitlinien, Empfehlungen
Staaten, Verbände, NGOs	national	Gesetze, Rechtsverordnungen, Empfehlungen
Unternehmen, Gewerkschaften, Verbände, NGOs	sub-national	Privatrechtliche Rahmenvereinbarungen, Verbandskodizes, Unternehmenskodizes, Sozial- und Umweltsiegel

Tabelle 2
Eigene Darstellung

In den beiden folgenden Abschnitten sollen der Inhalt wichtiger Vereinbarungen der Wirtschaft und der Zivilgesellschaft zu sozialen und umweltbezogenen Verpflichtungen aufgezeigt und jeweils die hier auftretenden Probleme erörtert werden.

5.1.1 Sozial- und Umweltsiegel

Auf Grund der Initiative von Unternehmen, Wirtschaftsverbänden und NGOs sind für eine ganze Reihe von für den Welthandel wichtigen Produkten freiwillige Vereinbarungen getroffen worden, die die Übernahme von Verantwortung für sozial- und umweltverträgliche Herstellungsprozesse ausdrücken. Die Soziallabels kennzeichnen die Produkte oder Unternehmen, die mit verbesserten Arbeits- und Lohnbedingungen für die an Produktions- und Distributionsprozessen Beteiligten verbunden sind. In einigen Fällen werden über höhere Produzentenpreise oder

Abgaben besondere Sozialprogramme in ärmeren Ländern unterstützt. Die Umweltlabels in Form von Bio-, Öko- und Energielabels informieren über die Verbesserungen der Umweltqualität der Produkte und der Herstellungsverfahren.[112]

Der Inhalt einiger sozialer und ökologischer Gütesiegel, die im internationalen Handel schon eine normsetzende und – da nachweisbar erfolgreich angewendet – praktische Bedeutung erlangt haben, soll nachfolgend kurz dargestellt werden:

☐ Gütesiegel des „Forest Stewardship Council" (FSC) für Holzprodukte, die mit umweltschonenden Verfahren und unter sozialverträglichen Bedingungen hergestellt werden. Der FSC ist eine internationale Vereinigung, die über die Vergabe von Zertifikaten weltweite Standards anerkannter ökologischer und sozialer Normen durchsetzen will.[113]

☐ Gütesiegel „ECO-o.k.", der „Rainforest Alliance" für Erzeugnisse der tropischen Landwirtschaft, die umweltfreundlich hergestellt werden.

☐ Gütesiegel des „Flower Label Programm" für die sozial- und umweltverträgliche Produktion von Schnittblumen (2000). Das Programm – ein internationaler Verhaltenskodex und Richtlinien – zielt auf Verbesserungen in den Arbeits-, Sozial-, Gesundheits- und Sicherheitsstandards, der Anwendung von Pestiziden und Chemikalien und der Umweltstandards. Es wurde entwickelt als Ergebnis von Diskussionen mit Blumenproduzenten, Importeuren, Supermärkten, NGOs, internationalen Gewerkschaften und Spezialisten in Afrika, Europa und Südamerika.

☐ Gütesiegel der „Fairtrade Labelling Organization" (FLO), der weltweit 17 nationale Siegelinitiativen in 40 Ländern angeschlossen sind, zu denen Organisationen wie „Transfair" und „Max-Havelaar" gehören. In Deutschland wird „Transfair" von 38 Organisationen getragen (Misereor, Evangelischer Entwick-

---

112 Vgl. Stückelberger (2001), S. 89 und Lautermann/Pfriem (2005), S. 25 f. Angaben zu mehr als 300 Labels enthält die Informationsplattform www.label-online.de.

113 Vgl. Forest Stewardship (2004).

lungsdienst, Unicef, BUND u.a.). Gütesiegel für Produkte (u.a. Kaffee, Tee, Reis, Zucker) werden im Rahmen eines Programms vergeben, das versucht, Handelsbeziehungen zu kleinen, im Marktzugang benachteiligten Produzentengruppen in Entwicklungsländern zu vermitteln und zu begleiten und dabei dort bessere Arbeits- und Lebensbedingungen zu schaffen. Zusätzlich zur Orientierung an Sozialstandards werden auch Umweltnormen berücksichtigt.[114]

☐ Sozialsiegel „Rugmark" des Zusammenschlusses von Teppichherstellern und -händlern sowie von Hilfsorganisationen. Rugmark ist eine globale, nicht gewinnorientierte Organisation (mit Sitz in Washington), deren Ziel es ist, die Arbeit von unter Vierzehnjährigen in der Teppichherstellung in Indien, Nepal und Pakistan zu beenden und für die Kinder Möglichkeiten zur Schulausbildung zu schaffen. Die unangemeldeten Kontrollen in den Teppichwebereien, die an dem Programm teilnehmen, erfolgen durch unabhängige Inspektoren. Es besteht ein Zertifizierungsverfahren, an dem sich Hersteller, Exporteure, Importeure und Einzelhändler beteiligen können. Das Rugmark-Siegel garantiert, dass die Teppiche ohne illegale Kinderarbeit – d.h. keine regelmäßige gewerbliche Beschäftigung von unter Sechzehnjährgen – produziert wurden und die Arbeitskräfte mindestens den gesetzlichen Mindestlohn erhalten haben.

☐ Ökologische Standards von weltweiter Bedeutung entstehen durch die Arbeiten der „International Standards Organization" (ISO).[115] Nachdem diese Organisation 1995 die Ziele und Prinzipien ökologischer Gütesiegel beschlossen hat, geht es jetzt um die Konkretisierung und praktische Umsetzung dieser Normen in die ISO-Normen-Serie 14020, die auf Unternehmensebene zu einem umweltbewussten Management und zu einem regelmäßigen Auditing führen soll. Die Einhaltung der Normen

---

114 Zur Analyse der Auswirkungen dieses Sozialsiegels vgl. Steinrücken (2004), S. 339 ff.
115 Vgl. hierzu Sautter (2004), S. 231 f.

erfolgt auf freiwilliger Basis, aber von der Etablierung dieser internationalen Normen-Serie geht weltweit für die Produzenten ein Anpassungsdruck aus, der bei Übernahme dieser Normen in das nationale Recht einzelner Staaten noch verstärkt wird. Auf Grund einer EU-Verordnung müssen beispielsweise bereits alle als organisch deklarierten Nahrungsmittel die entsprechende ISO-Norm erfüllen.

Welche Probleme sind mit dem subsidiären Ansatz, für internationale Wirtschaftsaktivitäten Sozial- und Umweltnormen in Form von Gütesiegeln für Produkte und Herstellungsverfahren zu setzen, verbunden? Ein Problembereich betrifft die Wirkungsweise der Gütesiegel. Die vereinbarten Regeln zum sozialen und umweltbewussten Verhalten sind in ihrer Tiefen- und Breitenwirkung sehr unterschiedlich zu beurteilen. Sie unterscheiden sich auch in der Wirkung nationaler und internationaler Regelungen.[116] Die Tiefenwirkung eines Regeltyps berücksichtigt die Strenge der Normen und das Ausmaß der Wirkung auf die einzelnen Unternehmen sowie auf die Umwelt. Die Breitenwirkung erfasst vor allem die Anzahl der betroffenen Unternehmen, Produkte, Länder und Märkte. Es zeigt sich, dass Produktsiegel eine große Tiefenwirkung für die beteiligten Produzenten und eine mittlere bis geringe Breitenwirkung – je nach Marktanteil des Produktes – haben können. Abhängig von der Tiefen- und Breitenwirkung eines Regeltyps ist dieser eher durch mehr Symbolkraft oder durch mehr Marktbeeinflussung gekennzeichnet. Beides kann allerdings zusammenwirken, um soziale und umweltbezogene Ziele zu erreichen. Tabelle 3 gibt für Typen von Sozial- und Umweltregeln einen Überblick über die Tiefen- und Breitenwirkungen.

---

116   Vgl. Stückelberger (2001), S. 208 f.

Tiefen- und Breitenwirkungen von Sozial- und Umweltregeln		
Regeltyp	Tiefenwirkung	Breitenwirkung
Produkt-Siegel	Groß für die beteiligten Produzenten	Gering bis mittel: je nach Marktanteil des Produktes
Unternehmenskodex	Groß für den Wirkungskreis des Unternehmens	Gering bis mittel: je nach Größe und internationaler Verflechtung des Unternehmens
Verbandskodex	Mittel bis groß: je nach Strenge der Normen und Anzahl der Unternehmen	Gering bis mittel: je nach Anzahl der Unternehmen und Produkte
Internationale Rahmenvereinbarung zwischen multinationalem Konzern und Gewerkschaften	Mittel bis groß: je nach Strenge der Normen und Verbindlichkeit für den Konzern	Mittel bis groß: je nach Größe und internationaler Verflechtung des Konzerns
Nationales Gesetz	Mittel bis groß: je nach Inhalt und Geltungsbereich	Mittel: verbindlich für alle Akteure im Staatsgebiet
Internationale Konvention	Gering bis mittel: kleinster gemeinsamer Nenner	Groß: weltweit in Unterzeichnerstaaten verbindlich

Tabelle 3
Quelle: In Anlehnung an Stückelberger (2001), S. 208.

Ein weiteres Problem betrifft die Motivation der Unternehmen für Vereinbarungen über Gütesiegel. Man kann davon ausgehen, dass gewinnorientierte Unternehmen an solchen Regelungen vor allem deswegen interessiert sind, weil sie dem unternehmerischen Ziel dienen, die Kontrollkosten bei marktwirtschaftlichen Transaktionen zu senken, so wie dies beispielsweise mittels Industrienormen oder ausbildungsbezogenen Qualifikationszertifikaten erreicht wird.[117] Außerdem lassen sich die Kosten der Aushandlung von Verträgen senken, wenn die Normen der Sozialsiegel in den Unternehmen einer Branche den Charakter von allgemeinen Geschäftsbedingungen bekommen.

Der wirtschaftliche Vorteil aus einer Senkung von Transaktionskosten bei internationalen Wirtschaftsaktivitäten geht letztlich auf die unternehmerische Entscheidung zurück, in Form von Produktsiegeln soziale und umweltbezogene Verantwortung zu übernehmen. Es ist anzunehmen, dass die Vereinbarungen von Unternehmen, Gewerkschaften und Verbänden zur Einhaltung von sozialen und ökologischen Mindeststandards dazu beitragen, die Risiken von kostenerhöhenden Konflikten mit den Beschäftigten oder gesellschaftlichen Gruppen, die öffentlich unsoziales und umweltschädigendes Verhalten anprangern, zu verringern oder zu verhindern. Außerdem verbessern solche Vereinbarungen das Image der beteiligten Institutionen – etwa des multinationalen Unternehmens und des nationalen Wirtschaftsverbandes – in der Öffentlichkeit.

Aus diesen Überlegungen ist bereits eine große Zahl von Gütesiegeln in Form von Sozial- und Umweltlabels für Produkte und Produktionsverfahren entstanden. Nach dem Prinzip der Subsidiarität wird den sachnahen Akteuren in Privatwirtschaft und Zivilgesellschaft die Möglichkeit zur eigenen Gestaltung von Rahmenbedingungen der Wirtschaft gegeben. Dabei können aus der dezentralisierten Suche nach sozial- und umweltverträglichen Vereinbarungen auf der Ebene der Wirtschaftsverbände und insbesondere der weltweit tätigen Unternehmen neue Ansätze entstehen. Im Sinne des „Systemwettbewerbs" eröffnet die dezentrale Suche in Privatwirtschaft und Zivilgesellschaft nach geeigneten Regeln zur Erreichung sozialer und umweltbezogener Ziele im internationalen Wirtschaftsverkehr die Möglichkeit, neue und bessere Gestaltungsmöglichkeiten zu entdecken.

---

117 Zu transaktionskostensenkenden Institutionen vgl. Streit (2005), S. 88.

Ein Vorteil des privatwirtschaftlichen Ansatzes ist dessen Anpassungsflexibilität. Dezentrale Vereinbarungen über Regeln können die Präferenzen der Beteiligten – die der Mitarbeiter an den verschiedenen Produktionsstandorten in der Welt sowie die der Zulieferer und Abnehmer – besser berücksichtigen. Man kann sich in den Betriebsstätten multinationaler Unternehmen und zwischen wenigen Unternehmen oder innerhalb eines Wirtschaftsverbandes leichter auf gemeinsam vertretene Sozial- und Umweltnormen verständigen. Auch die flexible Anpassung an neue Problemstellungen und die Korrektur ineffizienter Regeln ist einfacher und schneller.

In der praktischen Anwendung von Gütesiegeln werden die Vereinbarungen internen und externen Überprüfungs- und Überwachungsverfahren unterworfen. Hier haben sich inzwischen verschiedene Formen der Informationsbeschaffung und der Kontrolle entwickelt: firmeninternes Monitoring, das Monitoring durch vom Unternehmen gegründete, jedoch eigenständige Institutionen sowie das externe Monitoring durch ein beauftragtes drittes Unternehmen. Die Prüfung durch eine neutrale Instanz, die auch über die Vergabe von Gütesiegeln entscheiden kann, ist nach bisherigen Erfahrungen das strengste Kontrollverfahren.

Probleme für den freien Warenverkehr können sich allerdings durch die Vergabe unterschiedlicher nationaler ökologischer Gütesiegel für ein Produkt oder ein Herstellungsverfahren ergeben.[118] Nach Ansicht der WTO kommt es hier leicht zu restriktiven Geschäftspraktiken in Form neuer technischer Handelshemmnisse; der internationale Handel wird behindert. Daher fordert die WTO die Vertragsparteien auf, an der Ausarbeitung internationaler ökologischer Normen durch die zuständige internationale Normenkommission mitzuwirken. Deren Standards können dann im Rahmen der bestehenden Welthandelsordnung verwendet werden. Außerdem wird die Anerkennung

---

118 Vgl. zum Folgenden Sautter (2004), S. 231.

der Gleichwertigkeit technischer Vorschriften anderer Staaten empfohlen.

5.1.2 Internationale Vereinbarungen und Verhaltenskodizes von Unternehmen und Wirtschaftsverbänden

Soziale und umweltrelevante Regeln für die Weltwirtschaft werden seit einigen Jahren auch durch eine steigende Zahl von internationalen Rahmenvereinbarungen und Verhaltenskodizes von multinationalen Unternehmen und Wirtschaftsverbänden in Industrieländern geschaffen. Es handelt sich um innovative Beiträge von Akteuren der Wirtschaft und der Zivilgesellschaft zur Weltwirtschaftsordnung. Internationale Rahmenvereinbarungen werden zwischen multinationalen Konzernen und nationalen Gewerkschaften in Verbindung mit deren internationalen Zusammenschlüssen, der Global Union Federation, abgeschlossen. Die Verhaltenskodizes von Unternehmen werden in der Regel in Zusammenarbeit von Unternehmensleitung und Vertretung der Beschäftigten erstellt. Beide Arten von Vereinbarungen enthalten Verpflichtungen zur Beachtung von Sozial- und Umweltschutznormen, wobei auch branchenspezifische Aspekte berücksichtigt werden. Im Folgenden sollen zunächst einige internationale Rahmenabkommen und Verhaltenskodizes als Erscheinungsform des subsidiären Regelansatzes erläutert werden.

a) Internationale Rahmenvereinbarungen

Den Begriff der „internationalen Rahmenvereinbarung" haben die globalen Gewerkschaftsföderationen vor einigen Jahren anstelle von „Verhaltenskodex" eingeführt, um eine eigene Konzeption zu verdeutlichen. Die Aktivitäten zur Verbesserung des weltwirtschaftlichen Ordnungsrahmens werden seit einiger Zeit neben der ILO auch von so genannten Multi-Stakeholder-Initiativen getragen, in denen einzelne Unternehmen, Verbände, Gewerkschaften, NGOs, Wissenschaftler und staatliche Stellen zusammenarbeiten. Diese Initiativen mit den Arbeitselementen Dialog und Freiwilligkeit wenden sich an multinationale Konzerne und entstanden im Zusammenhang mit dem Konzept der Corporate-Social-Responsibility.[119] In dieser Entwicklung war den Gewerkschaften daran gelegen, als eigenständiger Akteur bei der Gestaltung der globalen Arbeitsbeziehungen erkennbar vertreten zu sein. Die deshalb von gewerkschaftlicher Seite angeregten und in den letzten Jahren häufiger abgeschlossenen internationalen Rahmenvereinbarungen sind ein globales Instrument, um grundlegende Arbeitnehmerrechte (insbesondere die Kernarbeitsnormen der ILO) in allen Betrieben eines multinationalen Unternehmens und möglichst auch bei dessen Zulieferern zu gewährleisten.

Die Rahmenvereinbarungen – und die weiter unten beschriebenen Kodizes – verpflichten das Management des Unternehmens, erstens konkrete Anstrengungen zu unternehmen, in den in- und ausländischen Betriebsstätten soziale Mindeststandards (wie Respektierung der Menschenrechte, Prinzip der Nichtdiskriminierung, Beachtung der ILO-Standards für Arbeitsbedingungen und der Rechte zur Bildung von Interessenvertretungen) zu beachten. Zusätzlich wird meistens eine Verpflichtung zur ökologischen Verantwortung übernommen, wenn auch häufig in allgemeinen Aussagen einer Minimierung von negativen Auswirkungen auf die natürliche Umwelt.

Zweitens beziehen die Verpflichtungen des Managements die privatwirtschaftlichen Vertragspartner auf der Zulieferseite ein. Sie werden an vertragliche Auflagen gebunden, insbesondere an das Verbot von Kinder- und Zwangsarbeit, an die Verpflichtungen zu gesetzlich vorgegebenen Arbeitsnormen und Sozialleistungen, an die Vorschriften für Gesundheit und Sicherheit der Arbeitnehmer sowie an die Beachtung länderspezifischer Vorschriften zum Umweltschutz.

---

119 Vgl. hierzu und zum Folgenden Brandl (2005), S. 40 ff. Multi-Stakeholder-Initiativen werden als Form der Koregulierung bezeichnet, die die Ansätze der Selbstregulierung durch Unternehmen ergänzen bzw. ersetzen. Vgl. hierzu Utting (2004), S. 96. ff.

Im Mittelpunkt dieser Konzeption steht also der Schutz von grundlegenden Arbeitnehmerrechten, vor allem an Produktionsstandorten, an denen die nationale Gesetzgebung unzureichend ist oder nur schlecht umgesetzt wird und Gewerkschaften fehlen oder schwach sind. Diese Rahmenvereinbarungen werden auf globaler Ebene ausgehandelt und lokal – bei vereinbarter Beteiligung und Überwachungskompetenz der Gewerkschaften – umgesetzt. Die Vereinbarungen beruhen im Kern auf Traditionen und Normen kontinentaleuropäischer Arbeitsbeziehungen, daher konzentrieren sich die bisher abgeschlossenen Vereinbarungen auf multinationale Konzerne in Europa (vgl. Tabelle 4).

b) *Unternehmenskodizes*

Der Inhalt von Verhaltenskodizes für weltwirtschaftliche Aktivitäten soll am Beispiel der zwei multinationalen Unternehmen Volkswagen und BASF, die zu den wichtigsten deutschen Exportindustrien gehören, aufgezeigt werden.

Die Volkswagen AG ist weltweit an 45 Produktionsstandorten mit etwa 320.000 Mitarbeitern tätig. Ein Bestandteil der Unternehmenskultur ist die Übernahme von sozialer Verantwortung im Prozess der Globalisierung.[120] Volkswagen hat mit der „Erklärung zu den sozialen Rechten und den industriellen Beziehungen" (2002) und mit der ausdrücklichen Unterstützung der „Global Compact Initiative" der Vereinten Nationen zum Ausdruck gebracht, dass die Unternehmenspolitik weltweit Mindeststandards in den Bereichen Menschenrechte, Arbeitsnormen und Umweltschutz vertritt. Wesentliche Inhalte der Verpflichtungen sind das Verbot von Zwangs- und Kinderarbeit, die Ausrichtung der Löhne und Arbeitsbedingungen sowie des Arbeits- und Gesundheitsschutzes mindestens an den Anforderungen der jeweiligen nationalen Gesetze, die Anerkennung des Rechts, Gewerkschaften und Arbeitnehmervertretungen zu bilden und

---

120 Vgl. Volkswagen AG (2002). In der Erklärung heißt es fälschlich „globale soziale Verantwortung".

Internationale Rahmenabkommen zwischen multinationalen Unternehmen und globalen Gewerkschaftsverbänden			
Unternehmen	Land	Branche	Jahr
Accor	Frankreich	Hotellerie	1995
IKEA	Schweden	Möbel	1998
Statoil	Norwegen	Öl	1998
Faber-Castell	Deutschland	Büromaterial	1999
Freudenberg	Deutschland	Chemie	2000
Hochtief	Deutschland	Bau	2000
Carrefour	Frankreich	Einzelhandel	2001
Chiquita	USA	Landwirtschaft	2001
OTE Telekom	Griechenland	Telekommunikation	2001
Skanska	Schweden	Bau	2001
Telefonica	Spanien	Telekommunikation	2001
Merloni	Italien	Metall	2002
Endesa	Spanien	Energie	2002
Balast Nedam	Niederlande	Bau	2002
Fonterra	Neuseeland	Molkereierzeugnisse	2002
Volkswagen	Deutschland	Automobil	2002
Norske Skog	Norwegen	Papier	2002
AngloGold	Südafrika	Bergbau	2002
DaimlerChrysler	Deutschland	Automobil	2002
Eni	Italien	Energie	2002
Leoni	Deutschland	Automobil	2003
ISS	Dänemark	Reinigung/Wartung	2003
GEA	Deutschland	Maschinenbau	2003
Rheinmetall	Deutschland	Rüstung/Automobilteile	2003
H&M	Schweden	Einzelhandel	2003
Bosch	Deutschland	Elektrotechnik	2004
Prym	Deutschland	Metallverarbeitung	2004
SCA	Schweden	Papier	2004
Lukoil	Russland	Energie/Öl	2004
Renault	Frankreich	Automobil	2004
Impregilo	Italien	Bau	2004
Arcelor	Luxemburg	Stahl	2005
Röchling	Deutschland	Kunststofftechnik	2005
EADS	Dtld./Frankr.	Luft- und Raumfahrt	2005
BMW	Deutschland	Automobil	2005
Tabelle 4 Quelle: International Metalworkers' Federation (Stand: März 2006).			

schließlich die Umweltverträglichkeit der Produktionsverfahren und Produkte. Volkswagen spricht auch weltweit seine Zulieferer auf eine sozial- und umweltverträgliche Wirtschaftsweise an.

Die BASF-Gruppe ist eines der weltweit führenden Unternehmen der chemischen Industrie, das mit Produktionsstandorten in 39 Ländern und mit rund 89.000 Beschäftigten vertreten ist. Die Selbstverpflichtung des Unternehmens zu einer nachhaltigen Entwicklung ist seit Mitte der 1990er Jahre als Ergebnis eines breit angelegten internen Diskussionsprozesses in der „Vision 2010" sowie in Grundwerten und Leitlinien dargelegt worden.[121] Die „Vision 2010" stellt dar, welches die Ziele des Unternehmens sind, und sie bestimmt die strategischen Entscheidungen. Die Grundwerte beschreiben die Einstellung und die Art und Weise, wie die Unternehmensziele erreicht werden sollen. Die sechs Grundwerte sind: nachhaltiger Erfolg; Innovation im Dienste der Kunden; Sicherheit, Gesundheit, Umweltschutz (auf diesen Gebieten verantwortliches Handeln der Hersteller und Verwender chemischer Produkte; wirtschaftliche Belange haben keinen Vorrang); interkulturelle Kompetenz; gegenseitiger Respekt und offener Dialog (u.a. Anerkennung von Arbeitnehmervertretungen und Beachtung der international anerkannten grundlegenden Arbeitsstandards) sowie Integrität (insbesondere die Respektierung von Gesetzen und anerkannten Gebräuchen in den Ländern der Produktionsstandorte). Die Leitlinien konkretisieren das den Grundwerten entsprechende Verhalten im Unternehmensalltag. Damit besteht für die BASF-Gruppe ein auf grundlegende soziale und umweltbezogene Ziele ausgerichteter Rahmen für alle Entscheidungen und Handlungen. Die internationale Auswirkung dieser unternehmenspolitischen Orientierung an Grundwerten liegt im weltweiten Transfer dieses Ansatzes und den Chancen, anderen Unternehmen gegenüber beispielgebend für sozial- und umweltverträgliches Handeln zu wirken.

---

121 Vgl. BASF (2003).

Die kritische Überprüfung von internationalen Rahmenabkommen und Verhaltenskodizes als Beiträge der Wirtschaft und der Zivilgesellschaft zur Entwicklung einer sozialen Rahmenordnung für die Weltwirtschaft führt zu widersprüchlichen Ergebnissen.

Einerseits werden gewinnorientierte Unternehmen freiwillige Verpflichtungen zur Einhaltung von Sozial- und Umweltschutznormen nur dann übernehmen, wenn das mit einer Senkung oder zumindest mit einer Stabilisierung der Transaktionskosten bei den gegenwärtigen und zukünftigen Wirtschaftsaktivitäten verbunden ist. Die multinationalen Konzerne sind interessiert, innerhalb ihrer globalen Wertschöpfungskette Verletzungen von Menschen- und Arbeitsrechten, auf die nationale und internationale NGOs die Öffentlichkeit aufmerksam machen könnten, zu vermeiden. Die Kosten des Reputationsverlustes, der wegen des sichtbar gewordenen Mangels an Verantwortung entsteht, und die der Konfliktbeilegung mit den Betroffenen werden höher eingeschätzt als die Kosten, welche die Einhaltung der sozialen Normen im Unternehmen verursacht. Die Zustimmung zu sozialen Regelungen ist aus unternehmerischer Sicht ein Teil des Risikomanagements, es geht um den Geschäftserfolg des Unternehmens.

Ferner haben im Rahmen der Corporate-Social-Responsibility die Unternehmen großes Interesse, soziale Projekte zu fördern, ihr Engagement öffentlich zu machen und dies auch als Teil der unternehmerischen Öffentlichkeitsarbeit zu verstehen. Allerdings verweisen kritische Studien völlig zu Recht darauf, dass vielfach Verhaltenskodizes nur schönfärberische PR-Maßnahmen seien – hierfür entstand die Bezeichnung „Grünwäscherei" (Greenwash) – und in die Kodizes die ILO-Kernarbeitsnormen nicht immer im vollen Umfang aufgenommen worden seien. Außerdem werde der Kodex als Instrument für unternehmerische Öffentlichkeitsarbeit oder Marketingzwecke verwendet. So hat eine Untersuchung der ILO von über zweihundert Firmenkodizes im Jahr 1998 ergeben, dass ein Drittel davon die Kernarbeitsnormen nicht vollständig übernommen hatte.[122]

Schließlich besteht die Schwierigkeit, die Einhaltung der sozialen Normen in den Betriebsstätten der Unternehmen zu überwachen und Verstöße zu sanktionieren. Die vorgesehene Beteiligung von Gewerkschaften und NGOs mit Dialogen, Berichten und Konsultationen entschärft zwar das Kontrollproblem, kann es aber letztlich nicht allein lösen. Zunehmende Kontrollwirkungen gehen inzwischen offensichtlich von den Geschäftspartnern der großen Unternehmen aus, die vermehrt nach der Einhaltung von Sozial- und Umweltstandards fragen und entsprechende Nachweise fordern. Auch von den Finanzmärkten gehen Sanktionswirkungen aus, denn Börsenanalysten bewerten Unternehmen nicht mehr ausschließlich nach ökonomischen Daten, sondern zusätzlich nach ihrem sozialen Verhalten und der Einstellung zu Menschenrechten, Umweltfragen, Corporate Governance und Korruption.[123] Wirtschaftliche, soziale und umweltrelevante Kriterien werden bereits seit 1999 in die Unternehmensbewertung der Dow Jones Sustainability Indexes (DJSI) einbezogen. Der DJSI World – als wichtige Information für Fondsmanager – umfasst heute die nach diesen Bewertungen besten 10 Prozent der 2500 größten Unternehmen der Welt.

Andererseits können die multinationalen Unternehmen sowohl über ihre internationalen Produktionsstätten als auch durch das weltweite Netz der Zulieferer und Abnehmer sehr viel zur Verbreitung von Sozial- und Umweltstandards beitragen. Halten sich die Multis an die neuen Normen, dann würde das zunächst in export-orientierten Sektoren ärmerer Länder wirksam, längerfristig würden die Mindeststandards auch auf die arbeitsintensiven nicht-exportorientierten Sektoren Einfluss ha-

---

122 Vgl. Stückelberger (2001), S. 93.
123 Zu den Erfahrungen bei BASF vgl. Hartmann (2002), S. 223.

ben. Die Bedeutung eines normensetzenden Einflusses der multinationalen Unternehmen wird angesichts der Tatsache erkennbar, dass heute ein nicht unerheblicher Teil des Welthandels Intra-Firmenhandel ist: Etwa ein Drittel der weltweiten Exporte industrieller Erzeugnisse vollzieht sich innerhalb der multinationalen Unternehmen und der ihnen angehörenden Tochtergesellschaften. Daher geht von durchgesetzten Rahmenvereinbarungen und Verhaltenskodizes der weltweit produzierenden Unternehmen erheblicher positiver Einfluss auf die Umsetzung sozialer und umweltbezogener Normen in den internationalen Wirtschaftsbeziehungen aus.

Die Vereinbarungen und Verhaltenskodizes dienen der Bereitstellung von „Club-Gütern", die nur einem begrenzten Personenkreis zur Verfügung gestellt werden. Im vorliegenden Fall handelt es sich um die speziellen sozialen und umweltbezogenen Leistungsangebote des transnationalen Unternehmens an seine Beschäftigten. Wenn es gelingt, diese Arbeits- und Sozialstandards sowie die Umweltstandards auch in den Unternehmen auf der Lieferanten- und Abnehmerseite der internationalen Unternehmen zu verbreiten, dann würde sich der Kreis der Begünstigten, dem diese Club-Güter angeboten werden, erweitern. Da von den Verhaltensregeln dieser Unternehmen zusätzlich externe Wirkungen bei Dritten entstehen – beispielsweise wenn soziale Mindeststandards oder Umweltschutznormen von anderen Unternehmen ebenfalls übernommen werden –, können längerfristig diese zunächst speziellen unternehmensinternen Standards eine allgemeine Bedeutung für die Unternehmen einer Branche oder eines Landes bekommen.

Die Tiefen- und Breitenwirkung eines sozial- und umweltbezogenen Kodexes eines Unternehmens bzw. einer internationalen Rahmenvereinbarung ist unterschiedlich. Sie haben eine relativ große Tiefenwirkung für den gesamten in- und ausländischen Wirkungskreis des Unternehmens. Es bestehen schnelle und effektive Sanktionsmöglichkeiten des normensetzenden Unternehmens gegenüber den sich nicht regelkonform verhaltenden Zulieferern, von Auflagen zur Verhaltensänderung bis hin zum Abbruch der Geschäftsbeziehungen. Wenn die unternehmensinterne Kontrolle der Regelbeachtung durch eine externe Kontrolle von dritter Seite unterstützt wird, sind die Voraussetzungen günstig, eine dem Kodex konforme Verhaltensweise bei den Beteiligten im In- und Ausland zu erreichen. Die Breitenwirkung eines Firmenkodex ist als gering bis mittelgroß einzuschätzen. Sie hängt neben der Größe des Unternehmens von der Zahl der erfassten Produkte, Märkte und Länder ab. Letztlich haben die Kontroll- und Sanktionsmöglichkeiten eines Unternehmens oder eines Verbandes großen Einfluss darauf, ob die freiwilligen Verpflichtungen eingehalten werden.

Ein Beispiel für ein relativ gut entwickeltes Überprüfungsverfahren findet man bei dem Bekleidungskonzern C&A, der die Überwachung der nach dem firmeneigenen Kodex für Warenlieferungen vertraglich vereinbarten Anforderungen zur Einhaltung von Arbeits- und Sozialnormen durch eine externe Institution durchführen lässt. In Verbindung mit der vom Konzern 1996 gegründeten, aber operationell unabhängigen SOCAM (Service Organisation for Compliance Audit Management) führen international erfahrene Experten nicht angekündigte Kontrollen bei C&A-Lieferanten im Ausland durch, allein über 1500 Inspektionen im Jahr 2004. Vor allem geht es um die Aufdeckung und auch Prävention von Missständen in den Bereichen illegale Beschäftigung (das betrifft insbesondere die Arbeitszeiten, die Entlohnung und die soziale Absicherung), Arbeitssicherheit und Umweltschutz. Soweit schwerwiegende Verstöße festgestellt werden, wird die Geschäftsverbindung ausgesetzt und dem betroffenen Lieferanten die Möglichkeit zu Verbesserungen der Arbeitsbedingungen gegeben.[124]

---

124 Vgl. SOCAM Audit Services (2005).

*c) **Verbandskodizes***
Soziale und ökologische Mindeststandards in der Weltwirtschaft werden außerdem durch die Entwicklung und praktische Anwendung von Leitlinien und Verhaltenskodizes nationaler und internationaler Wirtschaftsverbände gestaltet. Die von den Mitgliedern vereinbarten Regeln verpflichten die ex- und importorientierten Unternehmen, bei ihren weltwirtschaftlichen Tätigkeiten ein Mindestniveau sozial- und umweltverträglichen Verhaltens einzuhalten. Im Folgenden sollen beispielhaft zwei Verhaltenskodizes von Unternehmensverbänden, die Verpflichtungen für die internationale Produktion und Beschaffung enthalten, dargestellt und einige Probleme behandelt werden.

☐ Der Weltverband der Spielwarenbranche (International Council of Toy Industries, ICTI) hat 2001 einen revidierten Verhaltenskodex beschlossen (ICTI-Code of Business Practices). Darin wird von den Herstellern verlangt, „die Einhaltung gesetzlicher Bestimmungen hinsichtlich Arbeitszeitbegrenzung, Entlohnung und Leistungen bei Krankheit und Mutterschaft, die Verbote von Zwangs- und ausbeuterischer Kinderarbeit (...) einzuhalten und die gesetzlichen Rechte der Beschäftigten auf Selbstvertretung zu wahren. Gesetzliche Sicherheitsbestimmungen müssen befolgt und Schutzkleidung gestellt werden. Für angemessene Beleuchtung und Belüftung der Werkshallen ist zu sorgen und ausreichende sanitäre Einrichtungen müssen vorhanden sein."[125]

☐ Die Außenhandelsvereinigung des Deutschen Einzelhandels (AVE) hat 1999 eine „Erklärung zu Beschaffungs-Verhaltensregeln zur Gewährleistung von Sozialstandards" beschlossen.[126] Ziel ist, auf der Basis von Dialog, Kooperation und Konsens unter Respektierung der Eigenverantwortung der ausländischen Lieferanten langfristig auf die Sicherstellung der

---

125 Misereor (2001), S. 16.
126 Vgl. Außenhandelsvereinigung des Deutschen Einzelhandels (1999) und Senti (2006), S. 33.

Würde des Menschen, die Verbesserung der sozialen Verhältnisse und den Schutz der Umwelt hinzuwirken. Die in der AVE zusammengeschlossenen Einzelhandelsunternehmen legen in ihren Verträgen mit Lieferanten Verhaltensregeln zugrunde, die in Anlehnung an die Konventionen der ILO auf das Erreichen sozialer Standards zielen.

Auf dieser Grundlage entwickelte die AVE in den folgenden Jahren ein Sektorenmodell „Soziale Verantwortung". Die konzeptionelle Vorstellung ist, auf Seiten der Importeure auch Mitverantwortung für bessere Lebens- und Arbeitsbedingungen in den Zuliefererländern zu übernehmen. Die Einhaltung international anerkannter Sozialstandards wird durch unabhängige Gutachtergesellschaften überprüft und bewertet, und Lieferantenunternehmen werden vor Ort bei der Einführung besserer Arbeitsbedingungen unterstützt.[127] Viele auf diese Vorgaben gerichtete Maßnahmen bei den Zulieferern finden in Kooperation mit der Deutschen Gesellschaft für Technische Zusammenarbeit (GTZ) sowie mit Gewerkschaften und NGOs (Misereor und Oxfam) statt. Das Sektorenmodell wurde in den Jahren 2000 und 2001 in Indien getestet und ab 2002 praktisch angewendet.

Die Beurteilung von Verbandskodizes als Beitrag der Privatwirtschaft zur Gestaltung sozialer Rahmenbedingungen in der Weltwirtschaft kann insgesamt vorsichtig positiv ausfallen. Die Tiefenwirkung eines Verbandskodexes hängt vom Niveau der gesetzten sozialen Normen und ihrer Bindungswirkung für die Verbandsmitglieder ab. Da Entscheidungen in Verbänden durch Kompromisse gekennzeichnet sind, dürfte einerseits der vereinbarte Standard niedriger sein als der eines sozial orientierten Einzelunternehmens. Andererseits gilt der Verhaltenskodex des Verbandes auch für solche Mitgliedsunternehmen, die bisher in ihrer internationalen Geschäftstätigkeit nicht oder nur ansatz-

---

127 Vgl. Außenhandelsvereinigung des Deutschen Einzelhandels (2003) und Lautermann/Pfriem (2005), S. 27.

weise die landesüblichen minimalen Sozial- und Umweltstandards beachtet haben. Die Anzahl der Verpflichtungen eingehenden Unternehmen wird durch einen Verbandskodex erhöht. Die Breitenwirkung eines Verbands-Verhaltenskodex muss als gering bis mittelgroß eingeschätzt werden. Sie hängt davon ab, wie viele Unternehmen, Produkte, Länder und Märkte einbezogen sind.

Aus der Sicht gewinnorientierter Unternehmen in einer marktwirtschaftlichen Ordnung mit sozialer und umweltbezogener Orientierung sind Verbandskodizes sowohl auf ökonomische als auch auf gesellschaftliche Ziele ausgerichtet. Das wirtschaftliche Interesse von Unternehmerverbänden an Branchenkodizes sind neben dem Reputationsgewinn, der mit einem öffentlich erkennbaren verantwortlichen Verhalten im Wirtschaftsleben verbunden ist, insbesondere die betriebswirtschaftlichen Vorteile für die Mitglieder, die auf Grund verbesserter Arbeits- und Produktionsbedingungen bei den Zulieferern entstehen. Ein Branchenkodex zur Verwirklichung von Sozial- und Umweltstandards hat ferner den Vorteil, dass wegen der Übernahme von Verantwortung durch viele Unternehmen das Trittbrettfahrer-Verhalten einzelner Akteure verringert wird.

Insgesamt zeigen internationale Erfahrungen, dass sich wohlverstandenes wirtschaftliches Eigeninteresse und gesellschaftliches Engagement keineswegs ausschließen. Es entsteht so ein positiver Zuwachs an Reputation für die Unternehmen und die Verbände, die ihr Engagement über rein wirtschaftliche Interessen hinaus auf soziale und umweltbezogene Aktivitäten ausdehnen.[128]

---

[128] Vgl. Wieland/Conradi (2002), S. 7 ff. und die dort angeführten empirischen Studien.

5.2 Komplementarität zwischen öffentlich-rechtlichen und privatrechtlichen Regelungen

Wie die vorangehenden Ausführungen zeigen, sind auf Grund der Initiativen von einzelnen Unternehmen, Gewerkschaften, Wirtschaftsverbänden und NGOs bereits eine größere Anzahl von Leitlinien und Standards entwickelt worden, die ein sozial- und umweltbewusstes Verhalten bei internationalen Wirtschaftstätigkeiten fördern sollen. Diese Beiträge privatwirtschaftlicher und zivilgesellschaftlicher Akteure sind als subsidiärer Ansatz mit positiven externen Effekten für die Entwicklung von Regeln für die Weltwirtschaftsordnung bisher wenig beachtet worden. Die Aufmerksamkeit richtet sich weiterhin in erster Linie auf globale und regionale völkerrechtliche Vereinbarungen; es werden also die Staaten und die von diesen beauftragten internationalen Organisationen – als vermeintlich allein auf Gemeinwohlinteressen ausgerichtete Institutionen – als Initiatoren und Gestalter von Ordnungsregeln besonders hervorgehoben.

Auf Grund dieser Sichtweise wird nicht zureichend erkannt, dass im marktwirtschaftlichen System der internationalen Arbeitsteilung erstens die Akteure der Privatwirtschaft und der Zivilgesellschaft dezentral durch privatrechtliche Vereinbarungen die praktische Ausgestaltung und Umsetzung der von Regierungen vereinbarten Sozial- und Umweltstandards weltweit unterstützen. Zweitens führen die dezentralen Aktivitäten vieler – teilweise auch miteinander konkurrierender – Akteure zu zahlreichen Such- und Entdeckungsprozessen, in denen Chancen bestehen, neue und besser geeignete Verfahren zur Verwirklichung von wesentlichen Sozial- und Umweltzielen zu finden. Die Aktivitäten der privaten und zivilgesellschaftlichen Akteure haben in einer offenen Gesellschaft die durch nichts zu ersetzende Funktion, einen Wettbewerb der Ideen zur Entwicklung einer humanen und umweltverantwortlichen Ordnung zu ermöglichen und die diesen Vorstellungen entsprechenden institutionellen Regelungen für ihren Verantwortungsbereich zu entdecken und zu testen.

Daher sollte man in komplementärer Verbindung die Beiträge von öffentlich-rechtlichen und privatrechtlichen Regelungen für die Gestaltung einer sozialen und umweltschonenden Ordnung nutzen. Das Völkerrecht und das nationale Recht geben die Rahmenordnung für soziales und umweltbewusstes Handeln bei internationalen Wirtschaftsaktivitäten vor – gestalten also die „externen Institutionen" –, und die freiwilligen und privatrechtlichen Verpflichtungen international tätiger Wirtschaftsteilnehmer füllen diesen Rahmen konkreter aus und führen im Einzelnen zu Weiterentwicklungen. Es besteht hier ein weites Feld von Komplementaritätsbeziehungen. In den Bereichen der sozialen und wirtschaftlichen Menschenrechte und des Umweltschutzes schaffen öffentlich-rechtliche Regelungen auf globaler, regionaler und nationaler Ebene und privatwirtschaftliche Vereinbarungen auf sub-nationaler Ebene zusammen die Rahmenbedingungen, innerhalb derer sich die privatwirtschaftlichen internationalen Aktivitäten frei entfalten können.

6 Eine freiheitliche Weltwirtschaftsordnung mit sozialen und ökologischen Bindungen

In den vorangehenden Kapiteln sind die Inhalte und wichtigsten Probleme der weltwirtschaftlichen Teilordnungen für die Bereiche Wirtschaft, Soziales und Umwelt dargelegt worden. Folgendes soll hervorgehoben werden:

a) Freiheit und Verantwortung als Grundlagen
für einen „geordneten" Prozess der Globalisierung

Der heutige Ordnungsrahmen für eine marktwirtschaftliche Weltwirtschaft mit Sozial- und Umweltverpflichtungen umfasst eine größere Anzahl von Regeln für verschiedene Sachbereiche. Diese Rahmenordnung entstand nicht aus einem vorgedachten, einheitlichen Entwurf und einer entsprechenden Blaupause. Vielmehr wurden die Regelungen im Laufe von fünf Jahrzehnten in der Mehrzahl nach den Interessen der Staaten und in Verbindung mit internationalen Organisationen entwickelt und bewusst gesetzt, aber teilweise auch von Marktteilnehmern aus Eigeninteresse spontan vereinbart.

Die grundlegenden wirtschaftlichen Regeln – im Wesentlichen die beiden Prinzipien „offene Märkte" und „Nichtdiskriminierung" – haben eine freiheitserweiternde Funktion. Sie zielen auf den Abbau von Handels- und Investitionshindernissen und global auf größere Handelsfreiheiten für die privaten Wirtschaftsakteure. Die sozialen und umweltbezogenen Regelungen dienen dazu, Verantwortlichkeiten bei privatwirtschaftlichem Handeln zu bestimmen und auch zu begrenzen. Angesprochen sind die für die Wirtschaftsakteure normalerweise erkennbaren Handelsfolgen für Lebens- und Arbeitsbedingungen in der Welt und für das globale Ökosystem. Freiheit und Verantwortung sind damit die Grundlagen des geltenden Ordnungsrahmens für die Weltwirtschaft.

Insgesamt dienen die entwickelten Teilordnungen dazu, die Bereitstellung und Absicherung der globalen öffentlichen

Güter „liberales Weltwirtschaftssystem", „Schutz der Menschenrechte" und „Nachhaltigkeit des globalen Ökosystems" voranzubringen. Der Regelverbund insgesamt hat sich – trotz aller Defizite – als brauchbare Grundlage für einen „geordneten" Prozess des Wirtschaftens erwiesen. Die Spielregeln für weltwirtschaftliche Aktivitäten der Unternehmen sind von den Regierungen zusammen mit internationalen Organisationen gestaltet worden, und nicht – wie teilweise behauptet wird – von den multinationalen Konzernen selbst. Auch ist die Kritik aus Kreisen von Globalisierungsgegnern zurückzuweisen, Liberalisierungen und Deregulierungen hätten eine regelfreie Weltwirtschaft mit einer Art „globalem Manchesterkapitalismus" entstehen lassen. Zu kritisieren sind vielmehr die vielen außenwirtschaftspolitischen Verstöße gegen Marktoffenheit und Multilateralität; daher ist das eigentliche Problem die „Wiedergewinnung der Regeldisziplin".[129]

b) Anzahl und Heterogenität der Akteure
Die Entwicklung von weltwirtschaftlichen Regeln erfolgt in einem größer werdenden Kreis von Akteuren mit teilweise divergierenden Zielvorstellungen: So sind am WTO-Regelwerk inzwischen fast 150 Staaten beteiligt, deren Interessenlagen als hoch entwickelte, reiche Industrieländer oder als arme Entwicklungsländer in vielen Ordnungsbereichen sehr unterschiedlich sind. Die Staaten können nicht als homogene Akteure bei der Entwicklung von Rahmenbedingungen für die Weltwirtschaft betrachtet werden, sondern deren Regierungen handeln sehr differenziert in Abhängigkeit von ökonomischen, politischen und wahltaktischen Überlegungen. An der Gestaltung der weltwirtschaftlichen Regeln sind die internationalen Organisationen mit beteiligt, die auf Grund völkerrechtlicher Verträge von Staaten mit der selbständigen Wahrnehmung einzelner Aufgaben betraut worden sind, deren Funktionsträger jedoch auch eigene

---

[129] Stiftung Marktwirtschaft (2006), S. 8.

Interessen verfolgen, wie beispielsweise die anhaltende Diskussion um die Aufgabenabgrenzung zwischen IWF und Weltbank zeigt.

Die Bedeutung der NGOs – wie Amnesty International, Attac, Earth Watch, Greenpeace, Oxfam, Worldwide Fund for Nature und andere – als zivilgesellschaftliche Akteure in der internationalen Ordnungspolitik hat in den letzten Jahrzehnten zugenommen, obwohl ihr demokratisches Mandat sehr umstritten ist. Sie haben zweifellos zunächst dazu beigetragen, die in vielen Fällen große Kluft zwischen vollmundigen politischen Erklärungen zur Weltwirtschaft und den dürftigen ökonomischen, sozialen und umweltrelevanten Ergebnissen aufzudecken.[130] In der Einschätzung der positiven Auswirkungen einer marktwirtschaftlich gestalteten Globalisierung bleiben sie jedoch fälschlicherweise zu kritisch und im Hinblick auf Möglichkeiten einer sozial- und umweltorientierten globalen Marktwirtschaft zu pessimistisch.

Erheblichen Einfluss haben die NGOs auf globaler und regionaler Ebene auf Einzelthemen und Entscheidungsprozesse internationaler Verhandlungen zu wirtschaftlichen, sozialen und umweltbezogenen Fragen. So hat die WTO das Recht, NGOs zu konsultieren und mit ihnen zusammenzuarbeiten. Sie erhalten zusätzliche Informationen und haben bei den Ministerkonferenzen Zugang zu den Plenarsitzungen und zum Pressezentrum.[131] Die NGOs tragen durch ihre Aktivitäten und die vielfältigen Publikationen entscheidend dazu bei, nicht nur die internationalen Verhandlungen für Außenstehende transparenter zu machen, sondern auch die Durchsetzung der beschlossenen Vereinbarungen besser kontrollieren zu können.

Auf nationaler und sub-nationaler Ebene ist der Beitrag der NGOs als zivilgesellschaftliche Partner bei der Entwicklung und

---

130 Zu dieser Beurteilung vgl. Sachs (2005), S. 426 ff.
131 Vgl. Senti (2001), S. 21 und Senti (2006), S. 86. An der Konferenz in Cancún nahmen 795 NGOs mit 1578 Delegierten teil.

Anwendung von sozialen und umweltbezogenen Ordnungsregeln für weltwirtschaftliche Aktivitäten am größten. Zusammen mit Unternehmen und wirtschaftlichen Interessenverbänden sind sie an der Einführung und Überwachung von Gütesiegeln für Produkte und Herstellungsverfahren und von Verhaltenskodizes für Unternehmen überwiegend in konstruktiv-kritischer Weise beteiligt.

c) *Normierungsebenen und Regelformen*
Weltwirtschaftliche Regeln sind auf globaler, regionaler, nationaler und sub-nationaler Ebene entstanden. Wachsende Bedeutung hat die sub-nationale Normierungsebene, auf der in einem subsidiären Regelungsansatz dezentralisiert Verhaltenskodizes sowie Sozial- und Umweltstandards für international tätige Unternehmen vereinbart werden. Die zunehmende weltwirtschaftliche Verflechtung und der wachsende Intra-Firmenhandel multinationaler Unternehmen bewirken, dass Regelungen dieser Art beispielgebend auf andere Unternehmen und Regionen ausstrahlen können.

Es ist sinnvoll, je nach Sachbereich und Heterogenität der Vertragspartner unterschiedliche Normierungsebenen zu benutzen.[132] Regeln für den internationalen Handels-, Dienstleistungs- und Kapitalverkehr beziehen sich nach dem räumlichen Zuschnitt auf die Welt und sind daher zweckmäßigerweise auf der globalen Normierungsebene beschlossen worden, wie die Regelsysteme der WTO, des IWF und die Leitlinien der OECD für multinationale Unternehmen zeigen. Einige Umweltschutzregeln betreffen in erster Linie einen bestimmten geographischen Raum und sind daher auf der regionalen Normierungsebene entstanden. Die Vorteile einer dezentralisierten Vereinbarung sind die größere Sachnähe und die einfachere Konsensbildung zwischen den Betroffenen. Beispiele dafür sind die sehr

---

132 Vgl. Beyerlin (2000), S. 34-36.

unterschiedlich ausgestalteten Unternehmens- und Verbandskodizes. Um mit Ordnungsregeln der Freiheit und der Verantwortung für das Handeln von Staaten und Unternehmen die gewünschten wirtschaftlichen, sozialen und umweltbezogenen Ziele erreichen zu helfen, werden die Regelungsebenen komplementär genutzt. Es hat sich als zweckmäßig erwiesen, alle Normierungsebenen zur Erreichung eines Hauptziels zu verwenden. Das Beispiel der Kernarbeitsnormen der ILO – eine Regelung auf globaler Ebene – zeigt, wie man durch weitere Regelsetzungen für den Kreis der OECD-Mitgliedstaaten in Form der Leitlinien für multinationale Unternehmen und auf subnationaler Ebene in Form von Verhaltenskodizes von Unternehmen und Wirtschaftsverbänden dem Ziel näherkommen kann, Arbeitsbedingungen weltweit und unter Berücksichtigung der ökonomischen Lage des Landes und des Unternehmens zu verbessern.

Die Heterogenität der Staaten hat Auswirkungen auf die Regelformen. Die Nationalstaaten haben einerseits ein Interesse an Regelbindung, um das Verhalten anderer Staaten berechenbarer zu machen, anderseits halten sie an der Möglichkeit diskretionärer Entscheidungen fest, um vor allem innenpolitisch handlungsfähig zu bleiben. Dieses Dilemma beeinflusst die Entwicklung weltwirtschaftlicher Regime. Deshalb kam es häufig dazu, auf der globalen Normierungsebene lediglich politische Absichtserklärungen zu verabschieden – wie etwa die Erklärung von Rio über Umwelt und Entwicklung (1992) – oder auch Rahmenübereinkommen als rudimentäre Vertragsverhältnisse abzuschließen („soft law"), die später durch nachfolgende Protokolle und regionale Sonderregelungen konkretisiert werden sollen („hard law"). Ein Beispiel ist das Rahmenübereinkommen zum Klimaschutz von 1992 mit dem später folgenden Kyoto-Protokoll.

d) Durchsetzung von Vereinbarungen

Im Völkerrecht, das nach heutigem Verständnis ein Kooperationsrecht der Staaten ist, um gemeinsame Ziele mittels internationaler Regeln und Organisationen zu erreichen, gibt es keine zentrale Instanz zur Regeldurchsetzung. Die völkerrechtlichen Übereinkommen auf wirtschaftlichen, sozialen und umweltrelevanten Sachgebieten, die jeweils die Teilordnungen der Weltwirtschaftsordnung verändern, verpflichten lediglich die Unterzeichnerstaaten, den Inhalt der ratifizierten Vereinbarungen dezentral in ihren Territorien anzuwenden. Dabei kommt es in der Praxis in unterschiedlichem Ausmaß zu Abweichungen bei der Umsetzung.

Da ein Ordnungsrahmen für die Weltwirtschaft die beabsichtigten Funktionen insgesamt erst dann erfüllen kann, wenn die staatlichen und privaten Akteure die vereinbarten Regeln beachten, kommt es in der internationalen Diskussion seit einiger Zeit verstärkt zu Überlegungen, wie sich die Regeldurchsetzung verbessern lässt. So wird – wie vorne dargelegt – erwogen, der WTO neue handelspolitische Kompetenzen einzuräumen oder ein Netzwerk miteinander verknüpfter internationaler Organisationen zu schaffen, um eine stärkere Beachtung von Sozial- und Umweltschutznormen herbeizuführen. Hierbei entstehen bisher ungelöste Probleme der Überlagerung und der Kollision von Regeln der einzelnen Teilordnungen. Dazu beigetragen hat die Schaffung verschiedener internationaler Organisationen, die jeweils eigene Aufgaben- und Kompetenzbereiche haben, die alle auf die Rahmenbedingungen der Weltwirtschaft Einfluss nehmen. Welche institutionellen Lösungen für die WTO künftig sinnvoll sind, um die wirtschaftlichen, sozialen und umweltrelevanten Ziele zu erreichen, bleibt zu klären.

Als Methode zur Durchsetzung von völkerrechtlichen Regeln sind einzelstaatlich repressive Mittel oder kollektiv kooperative Mittel bekannt.[133] Bei den repressiven Maßnahmen haben

---

133 Vgl. Beyerlin (2000), S. 232 ff.

Sanktionen als wirtschaftliche und politische Drohung eine begrenzte Bedeutung erlangt. Sie sind bei nachweisbarer gravierender Missachtung von Menschenrechts- und Sozialnormen verschiedentlich angewendet worden. Bei den kooperativen Mitteln geht es um Verfahren, Vertragsstaaten bei der Einhaltung von Regeln zu unterstützen. Dabei werden Staaten, die auf Grund interner rechtlicher und ökonomischer Bedingungen Schwierigkeiten haben, die übernommenen Verpflichtungen zu erfüllen, mit Hilfe anderer Vertragspartner beim Aufbau geeigneter Institutionen unterstützt. So führt beispielsweise die ILO eine systematische Kontrolle in den Mitgliedstaaten hinsichtlich der nationalen Umsetzung der Kernarbeitsnormen durch und fördert durch finanzielle und personelle Unterstützung zugleich in Staaten mit bislang niedrigen Arbeits- und Sozialstandards den Aufbau unterstützender nationaler Institutionen.

Angesichts der vielen Abweichungen von vereinbarten Regelungen müsste die Brauchbarkeit eines neuerdings vertretenen Ansatzes genauer geprüft werden, der die oben genannten zwei Methoden der Regeldurchsetzung verbindet. Hier wird von einem gestuften System repressiver und partnerschaftlicher Regeldurchsetzung gesprochen.[134] Die kollektive kooperative Methode einer Überwachung der Vertragserfüllung, die beispielsweise bei den Menschenrechtspakten, den Arbeits- und Sozialnormen der ILO und bei einigen Umweltschutzabkommen angewendet wird, ließe sich vermutlich noch verbessern. Größere Transparenz bei den einzelnen Schritten der Vertragserfüllung würde die Kontrollmöglichkeit durch die nationale und internationale Öffentlichkeit erhöhen. Bei anhaltenden, schwerwiegenden Regelverletzungen muss allerdings ein wirkungsvoller, abgestufter Sanktionsmechanismus bereitstehen, auch in Formen des multilateralen oder bilateralen Wirtschaftsboykotts. Glaubwürdige Sanktionsdrohungen sind letztlich notwendig, um sowohl

---

134 Vgl. ebenda, S. 238 ff.

Regelverstößen vorzubeugen als auch friedliche Konfliktlösungen zu fördern.

e) Ordnungspolitische Herausforderungen
Die großen Herausforderungen für die weitere Gestaltung der weltwirtschaftlichen Rahmenordnung liegen erstens darin, weiterhin das liberale ordnungspolitische Konzept zur Förderung einer marktwirtschaftlichen und zugleich auch sozialen und umweltschützenden Ordnung zu verfolgen. Zweitens sind die Gefahren von zunehmender Überregulierung und von Regelüberschneidungen und -kollisionen, die durch die sich nebeneinander entwickelnden Teilordnungen entstehen, zu überwinden.

Zutreffend betonte *Wilhelm Röpke* schon am Ende des Zweiten Weltkrieges, „dass die internationale Ordnung in erster Linie aus der nationalen verstanden und von hierher verwirklicht werden müsse".[135] Daher hängt der zukünftige Charakter der Rahmenordnung für die Weltwirtschaft im Wesentlichen von dem ordnungspolitischen Leitbild der politisch und ökonomisch einflussreichen Akteure in den Nationalstaaten ab. Es bestimmt die weiteren Vorgaben für die internationale Ordnungsbildung sowie deren Kodifizierung und Ausgestaltung für die Bereiche Wirtschaft, Soziales und Umwelt. Der bisher entwickelte Ordnungsrahmen für eine marktwirtschaftliche Weltwirtschaftsordnung mit Sozial- und Umweltschutzverpflichtungen ist – trotz vieler Probleme – insgesamt ein großer Erfolg des Zusammenwirkens der Staaten. Die anstehende Aufgabe für die Entscheidungsträger in Staat, Wirtschaft und Zivilgesellschaft bleibt, diesen Ordnungsrahmen zu verbessern und dafür zu sorgen, dass die Regeln konsequenter befolgt werden.

---

135 Röpke (1979), S. 101.

Literatur

Adloff, Frank (2005), Zivilgesellschaft. Theorie und politische Praxis, Frankfurt am Main/New York.

Attac Deutschland (Hrsg.), (2004), Alles über Attac, Frankfurt/M.

Außenhandelsvereinigung des Deutschen Einzelhandels – AVE (Hrsg.), (1999), Erklärung zu Beschaffungs- und Verhaltensregeln zur Gewährleistung von Sozialstandards, Köln.

Außenhandelsvereinigung des Deutschen Einzelhandels – AVE (Hrsg.), (2003), Das AVE-Sektorenmodell, Köln.

Bagwell, Kyle/Staiger, Robert W. (2001), The WTO as a Mechanism for Securing Market Access Property Rights: Implications for Global Labor and Environmental Issues, in: Journal of Economic Perspectives, Vol. 15, No. 3, S. 69–88.

BASF (Hrsg.), (2003), Vision 2010. Grundwerte und Leitlinien der BASF-Gruppe, Ludwigshafen.

Bender, Dieter (2000), Internationale Handelspolitik und weltwirtschaftliche Integration der Entwicklungsländer, in: Aus Politik und Zeitgeschichte, B 9, S. 9–15.

Beyerlin, Ulrich (2000), Umweltvölkerrecht, München.

Biermann, Frank/Bauer, Steffen (Hrsg.), (2005), A World Environment Organization: Solution or Threat for Effective International Environmental Governance, Aldershot (UK).

Biermann, Frank/Simonis, Udo Ernst (1998), Plädoyer für eine Weltorganisation für Umwelt und Entwicklung, Berlin.

Boekle, Henning (1998), Die Vereinten Nationen und der internationale Schutz der Menschenrechte, in: Aus Politik und Zeitgeschichte, B 46–47, S. 3–17.

Brandl, Sebastian (2005), Neue Akteure im globalen Dialog. Deutsche Gewerkschaften und die Entwicklung einer sozialen Weltordnung, in: WZB Mitteilungen, Heft 110, Berlin, S. 40–42.

Brundtland-Bericht (1987), Unsere gemeinsame Zukunft. Brundtland-Bericht der Weltkommission für Umwelt und Entwicklung, hrsg. von Volker Hauff, Greven.

Busse, Matthias (2002), Do Labor Standards Affect Comparative Advantage in Developing Countries?, in: World Development, Vol. 20, No. 11, S. 1921-1932.

Davis, Lance/Engerman, Stanley (2003), History Lessons. Sanctions: Neither War nor Peace, in: Journal of Economic Perspectives, Vol. 17, No. 3, S. 187-197.

Deutsche Bundesbank (2000), Die Rolle des Internationalen Währungsfonds in einem veränderten weltwirtschaftlichen Umfeld, Monatsbericht September, 52. Jg., Nr. 9, S. 15-31, Frankfurt/M.

Edmonds, Eric V./Pavcnik, Nina (2005), Child Labor in the Global Economy, in: Journal of Economic Perspectives Vol. 19, No. 1, S. 199-220.

Fassbender, Bardo (2002), Der Internationale Strafgerichtshof: Auf dem Weg zu einem „Weltinnenrecht"?, in: Aus Politik und Zeitgeschichte, B 27-28, S. 32-38.

Forest Stewardship Council-FSC (Hrsg.), (2004), FSC Principles and Criteria for Forest Stewardship, Washington.

Frankfurter Allgemeine Zeitung (2005), Experten beklagen Erosion internationaler Handelsregeln, 18.01.2005.

Gareis, Sven Bernhard/Varwick, Johannes (2002), Die Vereinten Nationen. Aufgaben, Instrumente und Reformen, 2. aktual. Aufl., Opladen.

Germanwatch (2005), Fünf Jahre danach: Eine Bilanz der OECD-Leitsätze für multinationale Unternehmen und der nationalen Kontaktstellen, www.germanwatch.org.

Glania, Guido/Matthes, Jürgen (2005), Multilateralismus oder Regionalismus? Optionen für die Handelspolitik der Europäischen Union, in: IW-Analysen Nr. 11, Köln.

Hartmann, Jörg (2002), Soziale Verantwortung und unternehmerisches Handeln, in: Josef Wieland/Walter Conradi (Hrsg.), Corporate Citizenship, Marburg, S. 217-225.

Hasse, Rolf. H. (1994), Weltwirtschaft ohne Marktwirtschaft?, in: Rolf. H. Hasse/Josef Molsberger/Christian Watrin, (Hrsg.),

Ordnung in Freiheit. Festgabe für Hans Willgerodt zum 70. Geburtstag, Stuttgart/Jena/New York, S. 389–411.

Hayek, Friedrich A. von (2005), Die Verfassung der Freiheit, 4. Aufl., Tübingen.

Hefeker, Carsten (2003), Internationale Handels- und Finanzarchitektur im Umbruch: Globale Integration und die institutionelle Arbeitsteilung von IMF, Weltbank und WTO, in: Dieter Cassel/Paul J. J. Welfens (Hrsg.), Regionale Integration und Osterweiterung der Europäischen Integration, Stuttgart, S. 77–105.

Hefeker, Carsten/Koopmann, Georg (2003), WTO und internationale Handelsarchitektur, in: Wirtschaftsdienst, 83. Jg., Heft 6, S. 402–406.

Hefeker, Carsten/Wunner, Norbert (2002), The producer interest in foreign labor standards, in: European Journal of Political Economy, Vol. 18, S. 429–447.

Internationale Arbeitsorganisation (1998), Erklärung der ILO über grundlegende Prinzipien und Rechte bei der Arbeit und ihre Folgemaßnahmen, Genf.

International Labour Organization (2004), A fair globalization. The role of the ILO, Genf.

Koenig, Matthias (2005), Menschenrechte, Frankfurt am Main/New York.

Kohout, Franz/Mayer-Tasch, Peter Cornelius (2002), Das ökologische Weltgewissen. Die Arbeit von NGOs im Rahmen der internationalen Umweltpolitik, in: Aus Politik und Zeitgeschichte, B 6–7, S. 15–22.

Krugman, Paul (1999), Der Mythos vom globalen Wirtschaftskrieg. Eine Abrechnung mit den Pop-Ökonomen, Frankfurt/New York.

Krugman, Paul/Obstfeld, Maurice (2004), Internationale Wirtschaft. Theorie und Politik der Außenwirtschaft, 6. Aufl., München.

Lautermann, Christian/Pfriem, Reinhard (2005), Über den Zweck und die Bedeutung von Gütesiegeln, in: Orientierungen zur Wirtschafts- und Gesellschaftspolitik, Heft 106, S. 25–32.

Michler, Albrecht F./Thieme, H. Jörg (2003), Finanzmarktintegration, Krisenprävention und Krisenmanagement, in: Cassel, Dieter/Welfens, Paul J.J. (Hrsg.), Regionale Integration und Osterweiterung der Europäischen Union, S. 187–217, Stuttgart.

Misereor (Hrsg.), (2001), Faire Regeln in der Spielzeugproduktion? Hintergründe/Aktionen, Aachen.

Müller, Johannes/Reder, Michael (Hrsg.), (2003), Der Mensch vor der Herausforderung nachhaltiger Solidarität, Stuttgart.

Neumann, Jan (2002), Die Koordination des WTO-Rechts mit anderen völkerrechtlichen Ordnungen. Konflikte des materiellen Rechts und Konkurrenzen der Streitbeilegung, Berlin.

Nunnenkamp, Peter (2002), IMF und Weltbank: Trotz aller Mängel weiterhin gebraucht?, Kieler Diskussionsbeiträge 388, Kiel.

OECD (2000), The OECD Declaration and Decisions on International Investment and Multinational Enterprises. Basic Texts, Paris.

Peccoud, Dominique (Ed.), (2004), Philosophical and spiritual perspectives on Decent Work, International Labour Office, Geneva.

Petschow, Ulrich/Dröge, Susanne (1999), Globalisierung und Umweltpolitik. Die Rolle der Nationalstaaten, in: Aus Politik und Zeitgeschichte, B 23, S. 23–31.

Röpke, Wilhelm (1979), Internationale Ordnung – heute, 3. Aufl., Bern.

Sachs, Jeffrey D. (2005), Das Ende der Armut. Ein ökonomisches Programm für eine gerechte Welt, München.

Sautter, Hermann (1999), Ethische Aspekte interstaatlicher Institutionalisierung wirtschaftlicher Prozesse, in: Handbuch der Wirtschaftsethik, Bd. 2., Ethik wirtschaftlicher Ordnungen, hrsg. von Wilhelm Korff u.a., Gütersloh.

Sautter, Hermann (2004), Weltwirtschaftsordnung. Die Institutionen der globalen Ökonomie, München.

Schmidt, Oliver (2005), (Inter)nationale Arbeitsstandards – Einblicke in Theorie und Empirie, in: List-Forum für Wirtschafts- und Finanzpolitik, Bd. 31, Heft 4, S. 285–305.

Senti, Richard (2001), Die WTO auf dem Weg nach Katar: Anstehende Probleme – neue Herausforderungen, HWWA Discussion Paper 135, Hamburg.

Senti, Richard (2006), Die WTO im Spannungsfeld zwischen Handel, Gesundheit, Arbeit und Umwelt. Geltende Ordnung und Reformvorschläge, Baden-Baden.

Siebert, Horst (1994), Außenwirtschaft, 6. völlig überarb. Aufl., Stuttgart/Jena.

Simonis, Udo Ernst (1996), Globale Umweltpolitik. Ansätze und Perspektiven, Mannheim.

SOCAM Audit Services (2005), www.socam.org.

Srinivasan, T.N. /Zedillo, Ernesto (2005), Im Schatten von Cancún, in: Entwicklung und Zusammenarbeit, 46. Jg., Nr. 11, S. 408–411.

Steinrücken, Torsten (2004), Fairer Handel durch Sozialsiegel? Ökonomische Analyse eines alternativen Handelskonzeptes, in: List-Forum für Wirtschafts- und Finanzpolitik, Bd. 30, Heft 4, S. 339–356.

Stiftung Marktwirtschaft (Hrsg.), (2006), Wider die Aushöhlung der Welthandelsordnung. Für mehr Regeldisziplin, Berlin.

Stiglitz, Joseph (2002), Die Schatten der Globalisierung, Berlin.

Streit, Manfred E. (2005), Theorie der Wirtschaftspolitik, 6. durchgesehene und ergänzte Aufl., Stuttgart.

Stückelberger, Christoph (2001), Ethischer Welthandel. Eine Übersicht, Bern/Stuttgart/Wien.

Unser, Günther (2004), Die UNO. Aufgaben, Strukturen, Politik, 7. Aufl., München.

Utting, Peter (2004), Neue Ansätze zur Regulierung Transnationaler Unternehmen. Potenzial und Grenzen von Multistakeholder-Initiativen, in: Brühl, Tanja u. a. (Hrsg.), Unternehmen in der Weltpolitik. Politiknetzwerke, Unternehmensregeln und die Zukunft des Multilateralismus, Bonn, S. 96–121.

Vaubel, Roland (2003), Principal-Agent-Probleme in internationalen Organisationen, HWWA Discussion Paper 219, Hamburg.

Volkswagen AG (Hrsg.), (2002), Global Compact. Aufbruch. Zukunft. Verantwortung, Hannover.

Weede, Erich (2005), Balance of Power, Globalization and the Capitalist Peace, Berlin.

Weizsäcker, Christian von (1999), Logik der Globalisierung, Göttingen.

Welthandelsorganisation (2003), Textausgabe mit Sachregister und einer Einführung von Christian Tietge, 2. Aufl., München.

Weltkommission für die soziale Dimension der Globalisierung (2004), A Fair Globalization: Creating Opportunities for All. – Synopsis (in Deutsch), Genf.

Wieland, Josef/Conradi, Walter (2002), Corporate Citizenship. Gesellschaftliches Engagement – unternehmerischer Nutzen, Marburg.

WTO (2005), The Future of the WTO. Adressing institutional challenges in the new millenium, (Sutherland-Report), Genf.

Zahrnt, Valentin (2005), Die Zukunft globalen Regierens. Herausforderungen und Reformen am Beispiel der Welthandelsorganisation, Stuttgart.

Ziegler, Jean (2005), Das Imperium der Schande. Der Kampf gegen Armut und Unterdrückung, 4. Aufl., München.

Bei Fragen zur Produktsicherheit wenden Sie sich bitte an:
If you have any questions regarding product safety,
please contact:

Walter de Gruyter GmbH
Genthiner Straße 13
10785 Berlin
productsafety@degruyterbrill.com